CAROLINA FERNANDES

A TECLA SAP DO MARKETÊS

A TECLA SAP DO MARKETÊS

CAROLINA FERNANDES

Coordenação Editorial: **Mari Coelho – @falamaismari**
Produção Editorial: **Palavras dos Céus**
Cubo Comunicação
Produção de Texto e Revisão: **Ofício das Palavras**
Produção de Texto: **Tiago Gomes**
Diagramação: **Tatiane Lima**
Capa: **Júlia Borst**

Dados Internacionais de Catalogação na Publicação (CIP)
(Câmara Brasileira do Livro, SP, Brasil)

Fernandes, Carolina
A tecla SAP do marketês : desmistificando a linguagem do marketing / Carolina Fernandes. -- São Paulo : DVS Editora, 2024.

Bibliografia.
ISBN 978-65-5695-109-6

1. Comércio eletrônico - Administração
2. Empreendedorismo 3. Gestão de negócios
4. Marketing 5. Marketing digital I. Título.

23-181277 CDD-658.8

Índices para catálogo sistemático:

1. Marketing digital e E-commerce : Administração 658.8

Aline Graziele Benitez - Bibliotecária - CRB-1/3129

Nota: Muito cuidado e técnica foram empregados na edição deste livro. No entanto, não estamos livres de pequenos erros de digitação, problemas na impressão ou de uma dúvida conceitual. Para qualquer uma dessas hipóteses solicitamos a comunicação ao nosso serviço de atendimento através do e-mail: atendimento@dvseditora.com.br. Só assim poderemos ajudar a esclarecer suas dúvidas.

CAROLINA FERNANDES

A TECLA SAP DO MARKETÊS

DESMISTIFICANDO A LINGUAGEM DO MARKETING

DVS EDITORA

São Paulo, 2024
www.dvseditora.com.br

SUMÁRIO

AGRADECIMENTOS

Produzir um livro era algo muito distante dos meus objetivos momentâneos, fazê-lo acontecer precisou de muita dedicação e apoio.

Muitas pessoas fizeram parte não só deste trabalho, mas do que me tornei como pessoa e profissional e não poderia começar sem agradecer aos meus principais incentivadores na vida, meus pais Rosângela e João Carlos, que mesmo quando nem eu sabia onde queria e poderia chegar, minha mãe já sonhava por mim e meu pai me aterrava, mostrava os caminhos e "nunca me deu o peixe, sempre me ensinou a pescar" como ele mesmo diz.

Agradeço à minha irmã Anna Luíza, parceira de todos os momentos, que muitas vezes acreditou que eu podia mesmo quando eu tinha dúvidas, que diariamente me apoia e me diz "eu nunca vou te deixar passar vergonha, vai lá e faz". Agradecimento a todo o time da Cubo Comunicação, em especial ao Tiago, que me ajudou a desembaralhar a mente inquieta e aplicá-las no livro, e à Julia, que criou a capa com as fotos tarde da noite. Eu enviei como referências e, brilhantemente, acertou de primeira (o que não é fácil, como eles mesmos dizem, sou a cliente mais chata da agência).

Agradeço ao Joel Jota, meu mentor, que me acelera, me tira da zona de conforto, me provoca, me instiga e faz com que eu me desafie e eleve meu nível.

E por último, e não menos importante, meu agradecimento mais que especial ao Luiz Felipe, meu filho, que me motiva diariamente para que eu busque o meu melhor, o combustível da minha vida e que me fortaleceu e fortalece nos momentos de desafio. Conhecido também como Lipe, o estagiário da Cubo.

PREFÁCIO

A Carol, ou carinhosamente conhecida como Caru, é uma aluna querida que eu conheci em um dos treinamentos, dos diversos que ela fez, faz e continua fazendo. Ela foi conquistando meu coração aos poucos. Primeiro, pela sua capacidade de transformar ideias em ações práticas. Depois, por fazer considerações importantes e pertinentes nos treinamentos, e também por ter sido tão consistente e tão determinada em tudo que ela fez.

Isso fez com que eu me interessasse muito mais pelo que a Carol estava fazendo, e eu fui acompanhando a sua evolução. Acompanhei a Carol abrindo novas empresas, crescendo as suas empresas, gerando novas oportunidades, virando colunista e entrando no mercado das startups, subindo no palco de eventos gigantes de startup, recebendo prêmios, sendo reconhecida em eventos, palestrando junto comigo, sendo colunista em portais de educação corporativa e empreendedora. E a nossa relação sempre foi muito legal, bonita e respeitosa. Até o filho da Carol, que é um querido, eu tive a oportunidade de conhecer.

ESSE LIVRO É O COMPILADO DISSO TUDO: DA HISTÓRIA DE VIDA DA CAROL, DA EVOLUÇÃO DOS NEGÓCIOS, DOS EXEMPLOS QUE ELA CARREGA E DAS EXPERIÊNCIAS QUE TEVE CONSIGO MESMA E COM TODOS OS CLIENTES QUE LIDEROU E TROUXE RESULTADOS.

Aqui tem excelentes práticas modernas associadas à internet, à psicologia, à economia comportamental e à inteligência artificial. São assuntos que, além de ela ter interesse, ela tem domínio.

Leia com atenção, faça suas anotações, e eu falo com tranquilidade que você está com um livro em mãos que vai ampliar seu ponto de vista, trazer novos insights, novas estratégias e metodologias que funcionam. Metodologias servem para isso, para serem testadas, validadas, reforçadas, reestruturadas. E é isso que você vai encontrar aqui.

UM LIVRO GOSTOSO, COM LINGUAGEM PRÁTICA, VERDADEIRA, DE UMA ESTUDIOSA, EMPREENDEDORA E, ACIMA DE TUDO, UMA PESSOA QUE TEM O PROPÓSITO DE, ATRAVÉS DA FORÇA DO SEU TRABALHO, FAZER COM QUE O EMPREENDEDORISMO MUDE A SUA VIDA, PORQUE FOI ISSO QUE ACONTECEU COM A VIDA DELA.

Obrigado, Carol, pela oportunidade de fazer a apresentação do seu livro. Muito orgulho de você e da sua jornada. E para você, caro leitor, aproveite essa viagem, porque sua vida está prestes a ganhar um novo patamar.

Um grande abraço.

BOM VOO, JOEL JOTA

INTRODUÇÃO

Toda profissão tem seus jargões e, ao longo do tempo, constituem quase que uma linguagem própria. Acontece naturalmente e facilita a comunicação dentro da comunidade daqueles profissionais.

NO ENTANTO, QUANDO PRECISAM SE COMUNICAR COM O PÚBLICO AMPLO, PODE SE TORNAR UMA ARMADILHA.

O "mediquês", o "economês", o "juridiquês" e o "marketês" - isso mesmo, a linguagem dos profissionais de marketing – pode atordoar e até afastar clientes.

Quem nunca saiu com mais dúvidas do que entrou em uma consulta com o médico ou com o advogado? E do mecânico, então? Entre "rebimbocas e parafusetas", quantos de nós já não nos desesperamos? Quando você se viu nessas situações, qual caminho escolheu? Deu uma segunda chance e retornou ao profissional ou preferiu buscar uma "segunda opinião"?

No caso do marketing, apertar a **TECLA SAP** e traduzir a linguagem técnica para o bom e eficiente português é fundamental para azeitar a relação entre profissional/agência e cliente e garantir resultados efetivos.

Não adianta encher o discurso de termos em inglês, que pouco significam quando traduzidos ao pé da letra (o que o cliente vai fazer instintivamente) ou termos que até são em português, mas são restritos à área de comunicação e marketing.

O que poderia ser sinal de profissionalização e vasto conhecimento, pode se transformar em algo incompreensível e pior (!) pedante. E isso, definitivamente, é o que ninguém quer.

A PROPOSTA AQUI É EXATAMENTE O QUE (COERENTEMENTE) DIZ O SUBTÍTULO DO LIVRO: DESMISTIFICAR A LINGUAGEM DO MARKETING.

É tornar algo tão determinante para o sucesso dos negócios não em algo simples do ponto de vista técnico – porque não é – mas algo compreensível para quem realmente importa: o cliente.

O objetivo deste livro é descomplicar a linguagem do marketing para qualquer pessoa, independente da área. É comum e legítimo que cada profissão construa ao longo do tempo, seus jargões, mas complicar demais pode ser um caminho ruim.

Vamos ao **marketing que importa**! Entender qual a importância do marketing no posicionamento do empreendedor; quem é e onde está o cliente; as principais maneiras de produzir conteúdo de alta qualidade (aquele que vende!); entender as redes sociais e saber usá-las para engajar e vender, entre outros pontos tão importantes quanto.

O IMPORTANTE PARA O EMPREENDEDOR E PARA O PROFISSIONAL DE MARKETING É QUE A COMUNICAÇÃO ACONTEÇA, A RELAÇÃO SE ESTABELEÇA E O RESULTADO CHEGUE!

"É PRECISO SER ENTENDIDO
PARA GERAR CONEXÃO."

O MARKETING DIGITAL

Como a proposta deste livro é simplificar o marketês e facilitar o entendimento sobre esse universo, não poderia iniciá-lo de outra forma senão removendo toda a complexidade daquilo que é a essência do que iremos falar: o marketing digital.

Por ser um conceito muito abrangente, não é simples pensar em uma definição. Afinal, será que qualquer ação feita na internet é marketing digital? Se a ação tem como objetivo atingir o público ou promover a marca, então podemos afirmar que sim.

A minha promessa não é trazer conceitos rebuscados, mas apertar a TECLA SAP. Apenas para que você entenda a ideia geral, o pai do Marketing, Philip Kotler, define marketing como:

> **"O PROCESSO SOCIAL POR MEIO DO QUAL PESSOAS E GRUPOS DE PESSOAS SATISFAZEM DESEJOS E NECESSIDADES COM A CRIAÇÃO, OFERTA E LIVRE NEGOCIAÇÃO DE PRODUTOS E SERVIÇOS DE VALOR COM OUTROS."**

Complicado, certo? Você não precisa se concentrar nele.

MARKETING DIGITAL É TODA AÇÃO E ESTRATÉGIA REALIZADA PARA SE TORNAR MAIS CONHECIDO, PROSPECTAR, ATRAIR E CONVERTER CLIENTES, PROMOVENDO PRODUTOS OU MARCAS POR MEIO DOS CANAIS DIGITAIS.

Esses canais são as redes sociais, e-mail, blog, anúncios, sites, podcasts, buscadores como o Google, e quaisquer mídias inseridas no ambiente online.

AGORA QUE JÁ SABE A PREMISSA BÁSICA DO MARKETING DIGITAL, ENTENDA O PORQUÊ FAZÊ-LO.

E se eu não investir em marketing digital?

Você já parou para se perguntar o que acontece se você não investir em marketing digital? Acontece que você não será visto, sua marca não será conhecida pelas pessoas, sua mensagem ficará restrita ao público que já conhece o seu trabalho e, no caso de quem está começando, são muitas as chances de ter que lidar com o fracasso.

Para entender a importância de investir em marketing digital, imagine o seguinte cenário: alguém está interessado em surpreender uma outra pessoa com uma ida a um restaurante.

Você é proprietário de um bistrô francês, mas nunca investiu em marketing digital. Já o seu concorrente tem site próprio, posta nas redes sociais e é facilmente encontrado no Google. Qual restaurante tem mais chances de ser encontrado por esse casal? Exatamente.

UMA FRASE MUITO USADA PARA RESUMIR A IMPORTÂNCIA DO MARKETING É: QUEM NÃO É VISTO, NÃO É LEMBRADO.

Eu concordo muito com essa afirmação. Essa realidade não é algo novo, mas desde sempre, seja no panfleto, no anúncio no jornal ou no rádio, o objetivo era de ampliar o alcance da marca.

Agora, em termos práticos, separei alguns tópicos aqui que podem ser chamados de vantagens ou benefícios de investir em marketing digital:

Garantir presença forte	Construir audiência qualificada	Público certo
Sair na frente da concorrência	Baixo investimento inicial	Análise de dados precisa

Garantir uma presença forte na internet

Quando você tem um problema ou uma dúvida, o que você faz? Se a sua resposta for: procurar no Google, saiba que você não está sozinho. Porém, alguma vez você já se sentiu frustrado ao procurar por uma empresa na internet e não a encontrar?

Um bom investimento em Marketing Digital pode contribuir para que você apareça nos resultados e seja encontrado, reduzindo muito o custo de aquisição de clientes.

Ter uma presença digital é fundamental. E se o cliente está buscando por sua empresa e não a encontra na internet, as chances de desistir de procurar são imensas.

Construir uma audiência qualificada

Como você se relaciona hoje com sua audiência? Você sabe quem são os seus clientes? Seus hábitos de consumo? Seus comportamentos? Suas profissões?

> **O MARKETING DIGITAL POSSIBILITA QUE VOCÊ ATRAIA AS PESSOAS QUE POSSUEM CONEXÃO COM SEU PRODUTO/SOLUÇÃO.**

Falar com o público certo na hora certa

Além de construir o público certo, o marketing digital permite que você se comunique com ele na hora certa. Ao contrário do marketing offline, em que muitas vezes é impossível precisar exatamente para qual audiência você está falando, o online possibilita um nível de segmentação muito mais preciso.

> **COM AS FERRAMENTAS EXISTENTES NO MERCADO, TORNOU-SE FÁCIL MONITORAR AS ATIVIDADES E OS PERFIS DOS USUÁRIOS.**

Proporcionam uma análise mais específica, oferecendo mais personalização às ações de marketing e, claro, melhores resultados.

Por exemplo, se você segmentou suas ações para donos de pequenos mercados, isso possibilita que você faça conteúdos e campanhas que respondam às dúvidas e dores específicas desse segmento.

Sair na frente da concorrência

> **SE VOCÊ INSERIR A SUA MARCA, EMPRESA, PRODUTO OU SERVIÇO HOJE NA INTERNET**

JÁ ESTARÁ NA FRENTE DE UMA PORÇÃO CONSIDERÁVEL DA SUA CONCORRÊNCIA QUE AINDA PERMANECE NO OFFLINE. ISSO SIGNIFICA UMA VANTAGEM COMPETITIVA.

No entanto, para se diferenciar mais, é preciso ir além e construir sua presença digital. Afinal, em qual empresa você confia mais: aquela que possui um bom site, uma boa fanpage e um blog com conteúdo gratuito e de valor ou em uma que não tem nada disso?

Investir pouco para começar

O marketing digital não é barato e muito menos gratuito. Porém, com os recursos disponíveis hoje, não exige um investimento tão alto quanto o marketing offline. Não é á toa que as estratégias de marketing online ocupam também grande parte das estratégias de marketing de grandes empresas.

Analisar resultados com precisão

Quando você investe na produção de flyers, é possível saber quantos foram impressos, mas não quantos foram, de fato, entregues, lidos e nem quantos que geraram algum valor para você.

Em contrapartida, os canais digitais oferecem todos os dados necessários para uma análise precisa dos resultados. Um bom exemplo são os e-mails, nos quais podemos saber quantas pessoas abriram, quantos cliques determinado link recebeu e até mesmo quantas compras foram realizadas através dessa campanha.

Uma pausa aqui para um comentário: se você já escutou por aí que o e-mail não funciona mais, não dê ouvidos. Todo ano, sem exceção, eu escuto que o e-mail vai morrer. Quer minha opinião? Só vai morrer se ele não for feito da forma correta.

Voltando ao assunto, a partir da leitura desse capítulo, você já tem as informações necessárias para entender o que é o marketing digital e tudo que ele pode proporcionar para você, para sua empresa, marca, produto ou serviço.

CHEGOU O MOMENTO DE ENTRARMOS NA PROPOSTA DESSE LIVRO. DIZER NÃO AO MARKETÊS E FALAR SOBRE O QUE REALMENTE IMPORTA. E PRA COMEÇAR...

“MELHOR DO QUE PARECER
UM GURU DE MARKETING, É
FALAR O BOM PORTUGUÊS
COM O SEU CLIENTE.”

ALGUÉM APERTA A TECLA SAP DO MARKETÊS!

Dia de reunião. Cafezinho na mesa, celulares no silencioso, proposta de trabalho em mãos. O cliente ouve atento, e o representante do time de marketing começa a falar sobre o que a equipe planejou para o mês.

Não demora muito e algumas palavras surgem na apresentação: *inbound marketing, call to action, landing page*. O cliente se ajeita na cadeira, tenta entender o contexto e começa a anotar no cantinho da folha para perguntar depois. Mas não dá tempo, é atropelado por um caminhão de siglas: UX, CRM, CPA, KPI.

Atordoado pelo marketês, o cliente nem tenta mais decifrar. Se antes estava animado com a apresentação, agora está frustrado por não ter entendido boa parte da estratégia de marketing do seu negócio.

Não precisa de muita análise para perceber que há um erro grave de comunicação nesse cenário. Se aqui parece óbvio, no dia a dia do trabalho do time de marketing, não é tão fácil de identificar.

"MUITAS VEZES, OS TERMOS ESPECÍFICOS DA ÁREA SAEM NATURALMENTE, DE

MANEIRA QUE QUEM FALA NEM PERCEBE QUE ESTÁ USANDO O TAL IDIOMA."

Para o cliente, todo aquele arsenal de expressões pode soar como algo rebuscado ou longe do que realmente queria.

Por exemplo, o time de marketing pode apresentar todas as vantagens de uma *landing page* e receber como resposta: "mas eu só preciso de uma página com formulário de contato".

Ou falar sobre as maravilhas do *inbound* e ter de volta um olhar confuso de quem pensa: "na verdade o que eu queria mesmo é gerar vendas".

"USAR A TECLA SAP DO MARKETÊS É PRIMORDIAL PARA SE COMUNICAR COM O CLIENTE!"

As expressões do marketing também podem atrapalhar mais do que ajudar se forem usadas de forma incorreta. É muito comum que o cliente traga alguns desses termos ao pedir por uma estratégia específica de marketing.

Porém, como ele usa a palavra de forma equivocada, por exemplo, pedir um folder quando quer uma newsletter, a comunicação se enche de ruídos e pode atrapalhar o trabalho.

E comunicação não é apenas um diferencial do serviço prestado pela empresa. Ter diálogos eficientes é uma necessidade básica de qualquer negócio. Lembre-se: comunicar melhor com o cliente significa vender melhor.

De acordo com uma pesquisa da *Towers Watson*, empresas que possuem uma comunicação efetiva têm 3,5 vezes mais chances de superar a performance dos concorrentes. Quer dizer que, como profissional do marketing, não pode usar as expressões da área?

Claro que pode. Os termos existem também para facilitar o entendimento dos processos, mas precisam ser usados no lugar certo. Se estou conversando com a minha equipe de marketing as expressões são muito úteis.

Por outro lado, você, que talvez não seja da área, não precisa e nem deve se ater ao marketês.

O MELHOR É SEMPRE FALAR O BOM PORTUGUÊS E LEMBRAR QUE A PREMISSA É: MAIS QUE PARECER UM GURU DO MARKETING, BOM MESMO É SER ENTENDIDO E GERAR CONEXÃO.

"TER DIÁLOGOS EFICIENTES
É UMA NECESSIDADE BÁSICA
DE QUALQUER NEGÓCIO.
LEMBRE-SE: COMUNICAR
MELHOR COM O CLIENTE
SIGNIFICA VENDER MELHOR."

QUAL É O MARKETING QUE IMPORTA?

Quantas informações sobre marketing consegue encontrar durante cinco minutos de pesquisa no Google? E dez ou trinta minutos? Ou várias horas? A verdade é que há uma infinidade de tópicos relacionados ao tema, porque existem dezenas de assuntos.

MÉTODOS, FERRAMENTAS, CONCEITOS, PLATAFORMAS, LEIS, INÚMEROS CONTEÚDOS QUE A MAIORIA – ESPECIALMENTE EMPREENDEDORES QUE PRECISAM GERIR SEUS NEGÓCIOS – NÃO TÊM TEMPO PARA CONSUMIR.

Ainda que existam diversos temas relevantes, há, na essência do marketing, alguns pontos cruciais e que todo mundo que quer trabalhar na área precisa conhecer. É o princípio do trabalho e, muitas vezes, é o suficiente para criar resultados incríveis. Não precisa inventar no começo; um arroz com feijão bem-feito sempre será um bom arroz com feijão.

Não estou falando de fórmulas milagrosas, é importante aprender e praticar.

O TREINO CONSTANTE TRARÁ MELHORES RESULTADOS, O QUE É DIFERENTE DE APLICAR ALGO E ESPERAR QUE FUNCIONE MAGICAMENTE.

Quando digo que é preciso focar na **essência do marketing**, estou falando de estudos sobre:

Com esses três alicerces, você pode construir os pilares de uma estratégia eficaz: **Fundamentos, Mercado, Conteúdo e Presença Digital**.

Quando colocamos no papel, é o que você precisa saber sobre marketing no fim do dia.

O aprofundamento em cada tópico depende da sua vontade, é claro. Para destrinchar os fundamentos, é preciso estudar teóricos e origens na área de comunicação. No caso de mercado, deve-se conhecer casos notáveis e estar sempre atualizado.

Conteúdo e redes sociais são "feras" inescapáveis, que podem ser domadas com ajuda de um bom planejamento e ferramentas completas (mesmo que simples de usar, como o Canva).

O MARKETING QUE IMPORTA É A CONDENSAÇÃO DAQUILO QUE TRAZ OS RESULTADOS QUE VOCÊ QUER. FOQUE NELE.

"NÃO PRECISA INVENTAR NO COMEÇO; UM ARROZ COM FEIJÃO BEM-FEITO SEMPRE SERÁ UM BOM ARROZ COM FEIJÃO."

CONCEITOS-CHAVE DO MARKETING DIGITAL

A ideia deste livro é não trazer inúmeros conceitos de marketing e deixar você com mais perguntas que respostas. Porém, existe uma parte básica e essencial do marketing digital que é preciso, pelo menos, conhecer.

Outbound Marketing x Inbound Marketing

Inbound e Outbound são duas estratégias de marketing distintas e complementares. Você pode utilizar as duas, sem uma prejudicar o desempenho ou os resultados da outra.

Outbound Marketing

Quando falamos de Outbound Marketing, estamos falando do marketing tradicional, em que o foco não está em despertar o interesse do cliente, mas fazer uma oferta ativa, direta, agressiva, para chamar a atenção.

Comerciais de televisão, propagandas em rádios, jornais impressos e revistas, outdoors, e-mails em massa e anúncios no início de vídeos são exemplos de mídias utilizadas neste tipo de marketing.

Uma estratégia de Outbound Marketing tende a ser mais cara e, caso interrompida, pode jogar todo o trabalho no lixo, pois, ao parar de pagar você desaparece da mídia, o que não acontece no inbound.

Inbound Marketing

O Inbound Marketing, que traduzido significa "marketing de atração", segue por uma outra linha.

> **O OBJETIVO NÃO É PERSEGUIR O CLIENTE, MAS FAZER COM QUE ELE VENHA ATÉ VOCÊ E SE INTERESSE PELO SERVIÇO OU PRODUTO QUE OFERECE.**

Exige que um caminho seja trilhado: o de conhecer bem o seu cliente. Esse conhecimento é a base para a construção de estratégias, conteúdos e ações que "conversem" com o perfil de pessoa que deseja alcançar.

É aí que entramos em outro conceito importante.

Marketing de Conteúdo

Agora que você já entende o que é Inbound Marketing e que é ele o conceito que norteia o marketing digital, precisamos falar sobre uma estratégia essencial no ambiente online: o **marketing de conteúdo**.

COMO O PRÓPRIO NOME EXPLICA, MARKETING DE CONTEÚDO É UMA ESTRATÉGIA QUE SE BASEIA NA CRIAÇÃO DE MATERIAIS RELEVANTES PARA O CLIENTE, DESDE POSTAGENS NAS REDES SOCIAIS ATÉ VÍDEOS, EBOOKS E ETC.

Embora não pretenda me aprofundar nesse tema - afinal, você não quer ser um especialista em marketing - precisamos passar por ele, pois é a partir da criação de conteúdos que o marketing digital funciona.

Com a popularização da internet, foi-se o tempo em que éramos obrigados a assistir à TV de forma passiva, sem qualquer interação. Nos tempos atuais, o poder está na mão do cliente e, para que ele decida escolher, o seu conteúdo precisa ser relevante e atrativo.

"Eu só preciso sair criando materiais falando pro cliente comprar e pronto, as vendas acontecerão?" Não. Na verdade, o principal propósito do conteúdo deve ser servir ao cliente, trazer algum benefício para quem lê.

É COM ESSA GERAÇÃO DE VALOR QUE IRÁ ATRAIR A ATENÇÃO DAS PESSOAS E, CONSEQUENTEMENTE, APROXIMÁ-LAS DO SEU PRODUTO, SERVIÇO, MARCA OU EMPRESA.

"E quando ocorre a venda?" Para responder essa pergunta, precisamos entrar em outro conceito chave do marketing digital...

Funil de Vendas

Talvez o termo "funil de vendas" não seja tão incomum para você. Embora esse método já tenha evoluído, ainda é a base para o marketing de conteúdo. Não tem a menor noção sobre o que estou falando? Calma, vou apertar a TECLA SAP.

Imagine que você é uma empresa de tecnologia que vende um antivírus poderoso. O seu produto pode ser interessante tanto para pessoas que estão lidando com vírus no computador, quanto para quem não tem ideia de que está enfrentando o problema.

Como se comunicar com essas pessoas para que conheçam a solução que você oferece? Entendendo os perfis e qual o nível de entendimento que têm sobre a situação. É aí que entra o funil de vendas.

Esse nome foi escolhido pela representação da imagem de um funil, dividido da seguinte forma:

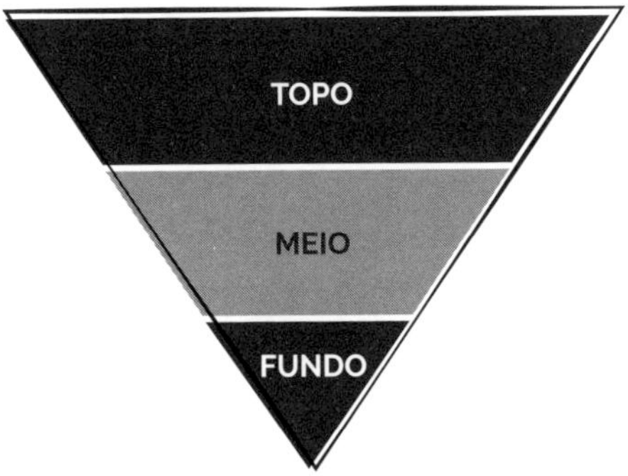

- **Topo**: é a abertura maior do funil, por onde entra um número maior de pessoas. Nessa etapa, está aquele que não sabe que o seu computador está com vírus. O que o seu conteúdo deve fazer?
- **Esclarecer quais são os sinais que indicam tal problema, para que ele se conscientize;**
- **Meio**: etapa em que a pessoa já tem consciência sobre o problema e agora busca uma solução para resolvê-lo. O que o seu conteúdo deve fazer? **Apresentar, indiretamente, alternativas que, nesse caso, eliminem o vírus do computador, inclusive, o uso de um antivírus;**
- **Fundo**: é a última etapa do funil de vendas. No marketing, você começa atraindo um bom volume de pessoas, mas, no decorrer do processo, um pequeno percentual

torna-se cliente. No fundo do funil, o indivíduo sabe que tem um problema, conhece as soluções e passa a buscar por alguém que forneça o que ele precisa.

ESSE É O MOMENTO DA VENDA, EM QUE O SEU CONTEÚDO FALARÁ DOS BENEFÍCIOS DO SEU ANTIVÍRUS E PORQUE ELE É MELHOR DO QUE O DO CONCORRENTE.

Persona

Inbound e outbound marketing, marketing de conteúdo e funil de vendas. Após conhecer esses temas básicos, preciso encerrar o capítulo falando um pouco sobre persona, conceito que é determinante para o sucesso das ações de marketing digital.

Na era do outbound marketing, as estratégias se baseavam em dados demográficos, como região, gênero e faixa etária para criar anúncios, comerciais de TV, entre outros. Porém, você concorda que, por exemplo, em um universo de homens, entre 30 e 40 anos, moradores de São Paulo, há uma grande diferença de gostos, desejos e necessidades?

PARA SER MAIS ASSERTIVO E ATRAIR PESSOAS REALMENTE INTERESSADAS, O INBOUND MARKETING EXIGIU A CRIAÇÃO DE UM FILTRO MAIS ESPECÍFICO, SENDO CHAMADO PERSONA.

Você irá criar uma espécie de personagem que deverá ter nome e sobrenome, idade, estrutura familiar, renda mensal, hábitos e comportamentos, desejos, necessidades, trabalho e etc.

Quanto mais dados criar para a persona, mais direcionado será o seu conteúdo e suas campanhas de marketing digital. Agora, não é para tirar informações da sua cabeça ou usar a estratégia do "achismo".

A CRIAÇÃO DA PERSONA SÓ É POSSÍVEL QUANDO VOCÊ CONHECE BEM O SEU POTENCIAL CLIENTE.

"QUANTO MAIS DADOS CRIAR PARA A PERSONA, MAIS DIRECIONADO SERÁ O SEU CONTEÚDO E SUAS CAMPANHAS DE MARKETING DIGITAL"

O SEGREDO DAS REDES SOCIAIS É SOCIALIZAR

Sim, é simples assim. Como o próprio nome diz "redes sociais" foram criadas para que as pessoas se socializem, se relacionem, e os usuários estão ali, querem ver as pessoas que estão por trás dos perfis e das marcas.

HOJE VEMOS PESSOAS BUSCANDO A BALA DE PRATA, UMA RECEITA MÁGICA DE SUCESSO, AO INVÉS DE UTILIZAR A ESSÊNCIA DAS PLATAFORMAS. AS PESSOAS ENTRAM EM UMA BUSCA INCANSÁVEL PELO "SEGREDO DAS REDES".

Imagine o seguinte cenário: você entra no perfil do Instagram de uma marca famosa, mas ao começar a rolar o feed de postagens só encontra fotos e vídeos de produto de uma forma fria, sem interação, como se fosse um catálogo digital ou sem qualquer informação adicional, comentários sem resposta ou preocupação da marca em conversar com os seguidores.

Qual a motivação de seguir ou, mesmo seguindo, de interagir com esse perfil? Qual estímulo ele trouxe para que você desperte o interesse em se relacionar com a marca nessa rede social?

Pense esse mesmo perfil em uma proposta diferente, repleto de conteúdos atrativos, que se conectam com você, que respondem suas dúvidas ou que, pelo menos, tragam informações relevantes sobre os produtos que você tem interesse, dicas, pessoas usando o produto e o que está ou quem está por trás da marca. Quais as chances de você seguir a marca?

Considerando as duas realidades relatadas, com qual marca você faria questão de interagir, de curtir as postagens e até de compartilhar com seus amigos? É sobre isso que estamos falando.

Redes sociais – Cuide da sua vitrine

Já são mais de 163 milhões de usuários brasileiros conectados às redes sociais. E se você pudesse alcançar 0,1% desse total, qual o impacto para o seu negócio? Caso a sua empresa não esteja presente nessas mídias, consegue perceber a que está renunciando?

Porém, como usar as redes sociais? Não se envergonhe, porque essa dúvida é mais comum do que imagina. Afinal, estamos falando de um mundo novo, principalmente para quem não pertence à geração Z.

ENTÃO, PARA MANTER A PROMESSA COM ESTE LIVRO, VAMOS APERTAR A TECLA SAP E DESMISTIFICAR A LINGUAGEM DO MARKETING TAMBÉM NAS REDES SOCIAIS.

Checklist para começar os trabalhos

Para começar a construção do seu perfil nas redes sociais você precisa cumprir algumas etapas básicas que são simples e não terá muita dificuldade em realizá-las.

A seguir, confira o **checklist** para começar o trabalho nas redes sociais:

- Defina o seu nome de usuário, o @ do seu perfil. Lembre-se que ele tem que se conectar com o nome da sua marca, empresa, produto ou serviço, deve ser fácil de digitar e, principalmente, não deve ter nomes semelhantes já utilizados. Dica extra: evite uso de ponto(.) ou underline(_) separando o meio do nome, fica mais difícil das pessoas te encontrarem na ferramenta de busca das redes. Ex: @ carufernandes, @cubocomunicacao, @joeljota, @exame;

- **Crie uma identidade visual** que transmita a essência do negócio e se conecte com o público que deseja alcançar;
- **Estruture sua bio** respondendo três perguntas: quem é você ou a empresa? O que oferece ao potencial cliente? Como faz para contratar/comprar?
- **Desenvolva conteúdos** que atraiam novos seguidores e que engajem aqueles que já seguem o perfil;
- **Planeje suas postagens** de forma estratégica e com antecedência. Crie um calendário de conteúdo mensal, quinzenal ou semanal, ajudará a estruturar a linha de conteúdo;
- **Mantenha a frequência:** seja constante nas redes sociais. Não adianta criar conteúdos por uma semana e passar duas semanas sem postar. Defina uma quantidade semanal de posts que serão desenvolvidos e siga o planejamento. Comece pequeno e, quando já estiver no fluxo, vá aumentando um post a mais por semana. É melhor começar com menos posts e ir crescendo aos poucos do que iniciar grande e reduzir;
- **Faça um mix entre conteúdos**: educacionais, trends, benefícios do seu produto/serviço, depoimentos de clientes satisfeitos, divulgação de ações e promoções;
- **Utilize todos os recursos** que as redes sociais oferecem e fique atento ao que tem mais potencial de viralização.

Normalmente, quando o Instagram lança alguma funcionalidade, eles priorizam um maior alcance e visibilidade para quem utiliza esse formato. Na maioria das vezes, os lançamentos ocorrem após alguma nova rede surgir com novidade e, claro, eles sempre atentos à concorrência, beneficiam quem usa a mesma funcionalidade. Aconteceu quando foi lançado os stories e os filtros, vindos do Snapchat e os reels do TikTok. Atualmente no Instagram, os reels e posts em carrossel têm um alcance maior que post com uma foto única no feed;

- **Relacione-se com os clientes:** Como o próprio nome diz Rede Social é feita para socializar. Converse com a sua audiência. Os seguidores buscam o relacionamento com pessoas e não com marcas. A "conexão virtual" precisa seguir regras próprias para funcionar. Deve ser próxima, cuidadosa e personalizada. Não se trata só de um bom atendimento – nas redes sociais, existem conversas com marcas como existem conversas com pessoas. As empresas que desejam se inserir nas redes precisam entender que estão em um contexto social e devem agir de acordo.
- **Seja uma pessoa real:** humanização para seres humanos. É isso mesmo, seja uma pessoa real nas redes sociais, Um perfil bonito atrai, mas o que retém é um perfil com conexão e interação. As pessoas se conectam com a verdade. É importante lembrar que, do outro lado da tela, sempre haverá uma pessoa. O usuário que está acessando o seu perfil é alguém com sentimentos, desejos, receios e

tudo mais, não um mero "visualizador". Da mesma forma, o profissional que trabalha com redes sociais deve ter o olhar mais atento. Mesmo utilizando as ferramentas, o uso excessivo de filtros, templates, banco de imagens desconectam da realidade e distanciam.

- **Crie conexão:** Não há crescimento sustentável sem antes existir conexão. E, num mundo digital, essa conexão também precisa ser online. Interação, afinidade, relacionamento é o que define a verdadeira relação nas redes sociais.
- **Use as métricas**, seja na própria ferramenta ou em relatórios com mais dados. É importante analisar constantemente o que funciona e o que não está dando certo, com qual tipo de conteúdo o público interage mais, qual a retenção em seus stories e quais os posts mais comentados. Criar estratégias para o próximo mês, baseado em análises do que o público quer ver.

"SEJA CONSTANTE NAS REDES SOCIAIS. NÃO ADIANTA CRIAR CONTEÚDO POR UM SEMANA E PASSAR DUAS SEMANAS SEM POSTAR. ORGANIZE UMA QUANTIDADE POSSÍVEL SEMANAL PARA COMEÇAR."

Rede social não é só Instagram

Quando cito rede social, não estou falando apenas de Instagram. Aliás "hoje em dia" digo que é importante você ter uma presença digital, é muito mais amplo que uma simples rede social. Você se lembra do Orkut e do Google +?

Na época, não havia a visão de geração de negócio nas redes. Mas imagine se tivesse, e fosse a única forma de divulgação e atração para o negócio, e elas fossem extintas?

NÃO DEPOSITE TODOS OS ESFORÇOS DENTRO DO TERRENO DO VIZINHO.

Já houve inúmeros casos de contas canceladas pelo próprio Instagram e/ou contas hackeadas. Imagine o seu negócio depender única e exclusivamente de uma plataforma em que não existe controle de possíveis imprevistos. E acredite, acontecem mais do que imagina. Já vi muita gente, inclusive com selo azul de verificação, ter conta excluída.

E o que fazer?

Douyin, Kuaishou, Koo, BeReal, Reedit, Pinterest. Conhece algum desses nomes? Em quais deles tem um perfil?

Provavelmente, a sua resposta foi ZERO.

Se sim, tenho um recado: a soma dos usuários dessas plataformas ultrapassa o total de dois bilhões de usuários no mundo.

SIGNIFICA QUE AINDA EXISTE MUITO ESPAÇO PARA CONSTRUIR SUA PRESENÇA DIGITAL ALÉM DO INSTAGRAM.

Mais importante do que se preocupar em ter uma conta nas redes sociais mais utilizadas no mundo é ter uma estratégia para ampliação da sua presença nos canais digitais, que irá trazer novas oportunidades de negócios.

Ter uma presença digital consolidada é essencial para transformar seguidores em clientes. Afinal, se não fosse um assunto tão importante, você nem estaria lendo este livro!

Existem muitas maneiras de construir a presença nos canais digitais e ter relevância no mundo on-line. Além das redes sociais podemos mencionar o próprio site da empresa, o blog, o e-mail marketing e até o cadastro no Google Meu Negócio.

O PRIMEIRO PASSO É CONHECER AS PLATAFORMAS E/OU FERRAMENTAS PARA

APRENDER A SE COMUNICAR E IDENTIFICAR QUAIS DOS CANAIS SÃO, DE FATO, EFETIVOS PARA SUA ESTRATÉGIA.

Principais Plataformas

A seguir, conheça um pouco mais sobre as **dez plataformas** mais utilizadas no Brasil, segundo o Relatório de Visão Geral Global Digital 2022 da *We Are Social* e *HootSuite*.

WhatsApp

Pode parecer estranho para você, mas o WhatsApp é considerado uma rede social. Afinal, qual o principal benefício que a plataforma oferece?

MANTER RELACIONAMENTOS E COMUNICAÇÃO.

Muito usada no Brasil, a ferramenta é uma excelente oportunidade de ampliar as suas divulgações. Segundo a *take.net*, a prova é o tempo médio que as pessoas passam no aplicativo, que é de 29,2 horas por mês, equivale a praticamente uma hora por dia no aplicativo. E em uma pesquisa realizada pela

RD Station mostrou que um botão no site, que leva direto para o WhatsApp, gera uma conversão 26% mais alta do que pop-ups e landing pages, ou seja, não utilizar o Whatsapp é deixar dinheiro na mesa.

YouTube

O YouTube já conta com bilhões de usuários no mundo. Em função do grande potencial de viralização e monetização que oferece, existem influenciadores que vivem apenas dos vídeos publicados lá.

Para se destacar nessa rede social, é preciso construir um bom canal, inserir todas as informações sobre a marca ou empresa, definir a identidade visual, criar playlists para facilitar a navegação, criar títulos atraentes para os vídeos, ter boa frequência de publicações e garantir a melhor qualidade possível na produção dos vídeos.

Instagram

Sim, o Instagram é a rede social que mais cresce no mundo, mas no Brasil ainda ocupa a terceira posição no ranking.

POR SER UMA REDE COM GRANDE APELO VISUAL, RECOMENDO QUE VOCÊ INVISTA EM IMAGENS

DE ALTA RESOLUÇÃO, VÍDEOS INTERATIVOS E, CLARO, ATRATIVOS.

A plataforma tem se destacado em razão da grande diversificação de formatos que oferece. Reels, stories, feed, guias, lives e a aba explorar são recursos que, quando bem utilizados, aceleram o crescimento orgânico.

Facebook

MESMO PERDENDO ESPAÇO NO MERCADO BRASILEIRO, O FACEBOOK AINDA CONTA COM MAIS DE CEM MILHÕES DE USUÁRIOS ATIVOS NO PAÍS.

Em parte, o que explica o número é o gerenciador de anúncios, chamado Meta Ads, recurso que permite a criação, gestão e acompanhamento de anúncios realizados no próprio Facebook, no Instagram e, futuramente, no WhatsApp. Além disso, se o público com que você quer conectar tiver a idade 45+, ou estiver dentro de grupos, comunidades e/ou fóruns de discussão, o Facebook precisa ser parte da estratégia de comunicação.

TikTok

O TikTok não é uma rede social de adolescentes que fazem dancinhas. Eles se denominam como Plataforma de entretenimento. Atualmente, possuem mais de 1 bilhão de pessoas consumindo os conteúdos.

A PLATAFORMA CRESCEU NO BRASIL E, CADA VEZ MAIS, É UTILIZADA POR GRANDES EMPRESAS E MARCAS, QUE APOSTAM NO SEU POTENCIAL DE VIRALIZAÇÃO.

O interessante é a forma como ela funciona. Não são os conteúdos dos seus amigos que aparecerão para você, e sim o tipo de conteúdo que você colocou no seu cadastro na ferramenta como de interesse, e conforme você busca novos conteúdos na ferramenta. Por esse motivo, ele tem um poder de alcance muito maior, conforme as buscas e conteúdos.

Atualmente, a melhor forma de uso são vídeos curtos e criativos, utilizando hashtags do seu conteúdo. Se conseguir incluir uma trilha sonora ao seu vídeo com a música do momento, tem chances de aumentar consideravelmente a visibilidade da marca.

Messenger

Assim como o WhatsApp, o Messenger também é chamado de rede social. Se você nunca o utilizou, é o aplicativo de mensagens instantâneas do Facebook, sendo muito usado por empresas para a criação de chatbots, aqueles atendimentos eletrônicos via mensagem de texto.

LinkedIn

Antes conhecida apenas como a rede social para encontrar vagas de emprego, o LinkedIn cresceu e se tornou uma poderosa comunidade profissional, uma ferramenta de networking e prospecção no mercado B2B, conectando investidores, empresas, parceiros, funcionários e candidatos a oportunidades de trabalho.

É IMPORTANTE QUE SEU PERFIL PESSOAL ESTEJA SEMPRE ATUALIZADO E O MAIS COMPLETO POSSÍVEL, E A PÁGINA DA EMPRESA SIGA A MESMA DINÂMICA, COM CONTEÚDO FREQUENTE.

Produtividade, RH, empreendedorismo, inovação, liderança e tecnologia são alguns dos temas que mais se destacam nessa plataforma. Atualmente, o formato de conteúdo com melhor performance são os artigos, por ter a possibilidade de incluir link nos posts. É interessante direcionar conteúdo para o seu site para gerar ainda mais credibilidade e engajamento. Mesclar na estratégia, vídeos, posts carrossel e artigos para gerar bons resultados para a audiência.

Pinterest

MUITO UTILIZADO AO REDOR DO MUNDO, O PINTEREST AINDA NÃO É BEM APROVEITADO NO BRASIL.

Poucas são as empresas e agências que criam uma estratégia focada no Pinterest, o que é uma ótima oportunidade para você, que agora já sabe da sua importância e tem chance de crescer dentro de um ambiente ainda pouco explorado.

Muito além de uma rede social, ele é um buscador para realização de planos, as pessoas buscam encontrar inspirações, descobrir possibilidades e referências visuais diversas, podendo armazená-las para consulta posterior. É muito utilizado em alguns segmentos: arquitetura e decoração, eventos, moda, beleza e viagens, entre outros.

Segundo dados do *Business Pinterest*, atualmente, são mais de 459 milhões de pessoas no mundo conectadas ao Pinterest. Dessas, 46 milhões estão ativas mensalmente no Brasil. Mais de 60% desse público são mulheres.

SE VOCÊ TEM UM PRODUTO OU UM SERVIÇO PARA O PÚBLICO FEMININO, EXISTEM QUASE 28 MILHÕES DE MULHERES QUE PODEM SER IMPACTADAS PELA SUA MARCA.

Fotos de boa qualidade e vídeos criativos costumam ter bom desempenho no Pinterest. Diferentemente do Instagram em que um conteúdo tem em média 24 horas de vida útil, no Pinterest, eles são para sempre, não têm data de validade. Quanto mais as pessoas "Pinarem" o seu conteúdo, mais possibilidade de aparecer para pessoas que ainda não te conhecem terá.

E se você tem um e-commerce, indexe seu catálogo dentro do Pinterest. Existe uma aba para compra direto pela plataforma. Muitas empresas investiram na criação de uma loja virtual dentro da rede, como é o caso da Fast Shop e Magazine Luiza.

X

O X, antigo Twitter, continua sendo uma rede social em que o principal objetivo é o compartilhamento de conteúdo e criação de comunidades. Na maior parte do tempo, feito através de frases curtas, com limitação de caracteres, mas também é possível compartilhar fotos ou vídeos.

Muito utilizada para expressar opiniões, mas também por pessoas que querem estar atualizadas dos acontecimentos do mundo de forma mais dinâmica e ágil. Inclusive, muitas das trends chegam primeiro no X antes de aparecerem nas outras redes sociais.

ESSE PODE SER UM BOM CANAL PARA FALAR SOBRE SUA ROTINA PESSOAL OU ABORDAR TEMAS QUE ESTÃO EM ALTA.

Uma boa forma de se destacar é diversificando os conteúdos, apostando em vídeos, enquetes e fotos. Você também pode acompanhar os assuntos que estão bombando e se antecipar nas outras redes sociais.

Snapchat

O SNAP, COMO É CHAMADO PELOS SEUS USUÁRIOS, É UMA REDE FOCADA NA DISTRIBUIÇÃO DE CONTEÚDOS VISUAIS.

Porém, todo material compartilhado fica disponível por apenas um curto período de tempo, foi o formato que inspirou os stories do Instagram.

Muitos acham que a rede morreu, mas ela ainda está entre as 10 redes sociais mais utilizadas no país. A adesão maior é de um público mais jovem, que se sente mais livre para postar porque pessoas mais velhas e familiares não estão presentes ou acabam não entendendo o funcionamento.

AGORA QUE JÁ APERTEI A TECLA SAP DAS REDES SOCIAIS E TROUXE UM AMPLO PANORAMA SOBRE AS PRINCIPAIS REDES USADAS NO BRASIL, VAMOS FALAR SOBRE ALGO QUE PODE ESTAR TIRANDO O SEU SONO.

Como conquistar seguidores

Imagino que você esteja ansioso(a) para encontrar a resposta a essa pergunta. Antes, preciso esclarecer que não existe nenhuma receita de bolo ou fórmula mágica.

O SEGREDO É TRABALHO, TRABALHO E TRABALHO.

No entanto, como realmente desejo que, ao fim da leitura, você tenha tudo o que precisa para construir sua presença digital, irei compartilhar algumas regras básicas que todo perfil de sucesso segue.

Crie conteúdo de qualidade

Para ter mais seguidores no Instagram ou em outras redes sociais, você precisa criar conteúdo de qualidade. Afinal, de nada adianta aplicar estratégias de crescimento de perfil se os conteúdos da página não agregam nada ao público.

FOQUE EM MELHORAR O CONTEÚDO, CRIANDO POSTS QUE EDUQUEM E INFORMEM,

QUE GEREM VALOR PARA QUEM O CONSOME.

Como? Entendendo sua persona e identificando quais são suas dores, necessidades, desejos, medos, hábitos e comportamentos. Só assim, poderá criar um conteúdo que gera identificação e se conecta com a audiência.

Tenha uma identidade visual coerente

A identidade visual é um fator importante, principalmente em redes com foco na parte visual, como Instagram, YouTube e TikTok.

PARA ATRAIR NOVOS SEGUIDORES, VOCÊ PRECISA DE UMA IDENTIDADE COERENTE, QUE TRANSMITA A MENSAGEM QUE QUER.

Se vender brinquedos de crianças, por exemplo, não faz sentido ter um feed todo preto, pois a cor não transmite a alegria das crianças. Uma forma de evitar essa falta de conexão é definir uma paleta de cores e elementos que permitam variar, sem causar confusão.

Use hashtags da maneira certa

> **VOCÊ DEVE USAR AS HASHTAGS COM INTELIGÊNCIA E CUIDADO.**

Ao mesmo tempo, podem levar o conteúdo a mais pessoas ou prejudicar a postagem, fazendo com que seja removida pela plataforma. Algumas regras que recomendo:

No máximo cinco hashtags por post;

- Clicar na hashtag para ver se os conteúdos que são exibidos estão relacionados à proposta do post e da empresa;
- Não usar hashtags muito genéricas, como #lookdodia, #partiu ou #modapraia. Procure especificar mais e focar no nicho;
- Varie as hashtags em cada post;
- Evite usar hashtags banidas, um exemplo é: #sextou que em inglês significa "sexo com você" (*sex to u).* Se você não sabe quais são, ao final desse livro listei algumas das principais da atualidade.

Poste com frequência

Outro ponto muito importante para conquistar mais seguidores: precisa ter uma frequência de postagem.

QUANTO MAIS POSTA CONTEÚDOS DE QUALIDADE, MAIS O ALGORITMO ENTREGA O CONTEÚDO. SE FICAR MUITO TEMPO SEM POSTAR, OCORRERÁ UMA QUEDA NO SEU ENGAJAMENTO.

Além disso, identifique os horários e dias que mais funcionam para você. O Instagram Insights e o Meta Business, por exemplo, mostram os momentos de pico e de queda na entrega e no engajamento dos seus posts.

Interaja com as outras pessoas

COMO JÁ MENCIONEI NO INÍCIO DO CAPÍTULO, O PRINCIPAL

OBJETIVO DAS REDES SOCIAIS É O RELACIONAMENTO.

Portanto, empresas, marcas e influenciadores que não interagem com o público nesses canais tendem a enfrentar mais dificuldade para crescer.

E não são só as pessoas que valorizam a interação, o algoritmo também. É importante que cultive relacionamentos no Instagram. Recebeu um comentário no post? Responda. Curtiram o seu post? Dê um pulo no perfil da pessoa e curta um post dela.

ESSAS ATITUDES TRANSMITEM A IDEIA DE QUE VOCÊ SE IMPORTA COM O SEU PÚBLICO E, CONSEQUENTEMENTE, COM SEUS CLIENTES.

Crie posts e stories interativos

Ainda falando de engajamento e interação, também faça a sua parte e estimule as pessoas a engajar nas suas publicações.

QUANTO MAIOR A INTERAÇÃO NO SEU PERFIL, MAIS O ALGORITMO ENTENDERÁ QUE VOCÊ É RELEVANTE E LEVARÁ SUAS POSTAGENS PARA UM PÚBLICO NOVO E CADA VEZ MAIOR.

Faça conteúdo patrocinado / tráfego pago

Se você quer acelerar o seu crescimento além do conteúdo, é possível investir em tráfego pago. É uma estratégia de atração de pessoas que ainda não te conhecem através de mídia paga, conhecido também como ADS, link patrocinado ou mídia paga, para que as redes sociais entreguem o seu anúncio para um público que ainda não te conhece.

Para as plataformas do grupo Meta (Facebook/Instagram), você pode utilizar a ferramenta Meta Business que permite a segmentação do público de várias maneiras. Além disso, pode pausar a campanha, alterá-la e testar outros formatos sem prejudicar o orçamento.

AS CAMPANHAS DE CONTEÚDOS PATROCINADOS GARANTEM SEGUIDORES DE FORMA MAIS RÁPIDA, MAS LEMBRE-SE DE QUE SÓ VALE A PENA INVESTIR SE VOCÊ JÁ CONTA COM UM BOM CONTEÚDO NO SEU PERFIL. SE NÃO FOR O CASO, PRIORIZE QUALIFICAR O CONTEÚDO PRIMEIRO.

Seja imperfeito

A única maneira de o ser humano se conectar, verdadeiramente, é se sentir parte de algo, e ninguém consegue se sentir parte de algo perfeito. Então, por que o seu perfil nas redes sociais ou os seus posts precisam buscar a perfeição?

Você já abriu o Instagram de uma marca e viu um feed lindo, bem padronizado e profissional? É realmente muito agradável aos olhos. Mas você lembra do que fez depois? Abriu algum post para curtir ou comentar? Ou nem sequer lembra qual era a marca ou o produto?

É muito provável que a resposta para essas últimas perguntas seja não.

PORQUE, MESMO AO APRECIAR UMA CONSTRUÇÃO DE IMAGEM PERFEITA, A ADMIRAÇÃO ACABA AÍ, NÃO VIRA CONEXÃO. É VER, ACHAR LEGAL E FECHAR A JANELA. ACABOU.

No marketing e, especialmente, nas redes sociais, a última coisa que queremos é que as pessoas deem meia-volta. Atrair é importante, mas manter é ainda mais. E é o que não acontece, na maioria das vezes, quando trabalhamos com a ideia de "perfeição".

Todo mundo sabe que aquele feed incrível foi minuciosamente produzido, que as fotos são embelezadas, que os vídeos são editados, e não é o problema, mas quando é a única coisa que a marca oferece, falta um ingrediente essencial, a autenticidade.

AS PESSOAS SE CONECTAM COM O ORGÂNICO, O GENUÍNO, O ESPONTÂNEO; EM SUMA, O IMPERFEITO. SE VOCÊ QUER CONQUISTAR SEGUIDORES E GERAR UMA CONEXÃO REAL, SIGA ESSA DICA.

A melhor maneira, pelo menos nas redes sociais, é mostrando as pessoas que estão por trás de toda empresa. De vez em quando, um post ou stories no trabalho, uma brincadeira, ou até algo mais pessoal, como uma história que valha a pena ser contada.

Como o nome já diz, o intuito das plataformas é socializar. Você não socializa com o outdoor ou com a placa de entrada de uma loja. Você socializa com os atendentes, outros clientes, até com o dono.

Lembre-se, nada é 8 ou 80. Existem milhares de maneiras de produzir conteúdo, e cada uma pode funcionar de um jeito diferente para cada marca. Vale a pena equilibrar e testar, para não correr o risco de se prender a uma única estratégia e perder o potencial de outra.

ÀS VEZES, É DIFÍCIL ENTENDER QUE A CONEXÃO DEPENDE DA SIMPLICIDADE.

Quando pensamos apenas no sentido estético, faz sentido buscar a melhor imagem possível, com toda a perfeição. E se o objetivo é ficar bonito, esse é o caminho.

Se o objetivo é se relacionar com os clientes (e potenciais clientes), essa não deve ser a maior preocupação. Para toda marca que quer criar conexões reais com seu público, fica a dica: o conteúdo que funciona, às vezes, pode ser mais o que parece ter sido feito no celular, do que o saído de um catálogo.

Ter mais seguidores = Ter mais autoridade?

Você já passou por alguma praça ou outro local público e viu uma pessoa falando sozinha, talvez até gritando, sem que ninguém prestasse atenção no que ela estava dizendo? Guarde essa imagem na mente.

A busca por relevância no mundo digital leva muitas pessoas a se atraírem por números, especialmente pela quantidade de seguidores nas redes sociais. Afinal, parece sinônimo de fama e visibilidade, algo que toda empresa quer em algum nível.

Porém, esse interesse frequentemente cega o **marketing que realmente importa;** quando falamos de contato e relacionamento com o público, a palavra-chave é simples: engajamento.

TER MUITOS SEGUIDORES NÃO É O MESMO QUE TER UM BOM ENGAJAMENTO.

É fácil observar exemplos por aí de marcas que compraram os números altos, mas que não os veem refletidos nas curtidas, comentários ou mesmo visualizações.

Já vi de perto, inclusive. Um antigo cliente tinha 50 mil seguidores, mas os stories postados não chegavam a ter cem visualizações. É por isso que muitos profissionais de marketing digital chamam esse valor de "métrica de vaidade".

Afinal, é muito legal abrir o perfil e ver milhares te seguindo. Contudo, quantos estão, de fato, consumindo o conteúdo que você posta? Melhor ainda, quantos estão recebendo a mensagem que quer passar? Será que é o público certo?

O OBJETIVO IDEAL PARA AS MARCAS NA INTERNET É TER UM BOM POSICIONAMENTO.

COM CONTEÚDO ADEQUADO E RECORRENTE, QUE ATINJA PESSOAS REALMENTE INTERESSADAS, AS CHANCES DE AS VENDAS CRESCEREM É MUITO MAIOR.

Além disso, conversar com um público nichado e engajado com o produto ou serviço é muito mais efetivo. Há alguns anos, quando ainda estávamos todos aprendendo a lidar com as redes, era comum acreditar que o sucesso estava diretamente ligado a quantidade de *followers*. Mas, agora, a coisa mudou.

O caixa da sua empresa vai agradecer muito mais os cem clientes que compram do que os 50 mil que só observam — ou nem isso. Portanto, quando estiver pensando em crescer nas redes sociais, pergunte-se se vale a pena investir apenas em seguidores e acabar se tornando "o cara da praça".

EXISTE OUTRO FATOR QUE É DETERMINANTE PARA O SUCESSO DE UM PERFIL NAS REDES SOCIAIS: O ALGORITMO.

Provavelmente, esse nome é familiar para você, pois, o que não falta na internet são pessoas vendendo "o segredo do algoritmo".

O tal do algoritmo

Se você assistiu ao documentário *O Dilema das Redes*, é provável que tenha ficado com a pulga atrás da orelha com o uso das redes sociais e, principalmente, esse tal de algoritmo. Afinal, do que estamos falando?

Embora seja um tema relacionado ao mundo da Tecnologia da Informação, é possível explicar o que é um algoritmo.

RESUMINDO, TRATA-SE DE UM CONJUNTO DE DADOS E REGRAS DEFINIDAS POR CADA REDE SOCIAL PARA DETERMINAR A ORDEM, A FREQUÊNCIA, O ALCANCE E, CONSEQUENTEMENTE, O SUCESSO DAS PUBLICAÇÕES.

Cada rede social tem suas próprias regras que determinam como o algoritmo funciona. De modo geral, essas plataformas se baseiam em algoritmos de relevância, ou seja, aqueles programados para priorizar o que é mais relevante naquele momento.

Por ser o "segredo industrial" das redes sociais, elas não informam como seus algoritmos foram programados. O que se sabe é que relacionamento, temporalidade e engajamento são fatores determinantes.

O MELHOR A SER FEITO É TESTAR E MEDIR OS RESULTADOS.

“VOCÊ PREFERE 10.000 FÃS OU 100 CLIENTES? NEM SEMPRE PRECISAMOS DE FÃS. NÃO CAIA NA VAIDADE DE TER UM VOLUME DE PESSOAS TE SEGUINDO, SE VOCÊ TIVER UMA AUDIÊNCIA ENGAJADA QUE COMPRE DE VOCÊ.”

A EXPERIÊNCIA DO CLIENTE

> **"É O CLIENTE QUE DETERMINA O QUE É UMA EMPRESA, O QUE ELA PRODUZ E SE ELA IRÁ PROSPERAR".**

Embora o conceito de *customer centric* pareça novo, podemos afirmar que ele existe, pelo menos, desde 1954, quando Peter Drucker, o "Pai da Administração", escreveu a afirmação acima.

A importância do cliente para o sucesso de um negócio não é novidade para ninguém. Mesmo assim, muitas empresas não são capazes de fornecer uma experiência satisfatória ou, em alguns casos, sequer entendem o que significa ser *customer centric*. E você, sabe a resposta?

O que significa ser customer centric?

"O cliente tem sempre razão!" Certamente, você já ouviu/fez essa afirmação em algum momento. Porém, será que é uma

premissa básica para sua marca, para o seu negócio? Ou apenas um dito popular que você gosta de repetir?

Apesar de parecer algo simples e óbvio, é possível contar nos dedos os casos de sucesso de empresas que, de fato, são capazes de transformar a teoria de *customer centric* em ações e experiências que tragam bons resultados.

Então, chega de marketês. Quando falamos de ser *customer centric*, estamos falando de posicionar o cliente no centro das decisões da empresa para entender e atender às necessidades dele, gerando satisfação, encantamento e lealdade.

EM RESUMO, TUDO O QUE É PLANEJADO, DECIDIDO E REALIZADO DENTRO DA EMPRESA DEVE TER COMO PRINCÍPIO BÁSICO PROPORCIONAR UMA EXPERIÊNCIA SATISFATÓRIA AO CONSUMIDOR.

Desde o primeiro contato até o relacionamento pós-venda, o cliente deve ser o ponto focal.

Será que Peter Drucker não exagerou?

"O cliente determina se a sua empresa irá prosperar." Pode parecer exagero ou que o poder do consumidor está sendo superestimado, mas, sinto informar, Peter Drucker está correto e a internet colaborou (e muito) para isso.

A democratização do acesso à internet permitiu que as respostas às nossas perguntas estejam a um palmo de distância, inclusive no que se refere às pesquisas por produtos e serviços. A empresa que antes possuía uma concorrência local passou a ter concorrentes internacionais, veja as empresas chinesas.

Se você não centralizar seus esforços em fornecer uma experiência satisfatória e encantadora ao seu público, está fadado ao fracasso, pois o concorrente já entendeu a importância de ser *customer centric*.

Quais as vantagens de ser customer centric?

Agora que entendeu o quão importante é ser uma empresa centrada no cliente, precisamos falar sobre os **benefícios** que a **implementação dessa cultura** trará para o seu negócio. Vamos a elas:

- **Otimização do seu produto/serviço:** quando entende que o sucesso do que produz depende do quanto agrada ao cliente, você não poupará esforços para aprimorá-la a ponto de se tornar um caso de sucesso;

- **Diferencial competitivo**: ser *customer centric* é um diferencial. Como já comentei anteriormente, uma grande parcela das organizações conhece e estuda o conceito, mas não sabe aplicá-lo corretamente. Ao mudar o foco do produto para o cliente, você proporcionará experiências inesquecíveis, diferenciando-se da concorrência;
- **Redução de custos**: não, *customer centric* não é um conceito caro. Na verdade, ao colocar o cliente no centro das decisões, você reduz o custo para atrair novos clientes, aumenta a taxa de fidelização e, consequentemente, o seu faturamento.

Quer ser *customer centric*? O primeiro passo é implementar ações/processos que mudam o foco das decisões do negócio. Como?

ESTUDE, ESTUDE E ESTUDE

O ponto de partida para a transição é tornar-se um expert sobre o seu cliente. No fim do dia, ninguém deve conhecer mais sobre o seu público do que você, e precisará de dados. Como coletá-los? Ouvindo o cliente.

AFINAL, NÃO EXISTE CULTURA CUSTOMER CENTRIC SEM

DEDICAR-SE A OUVIR O QUE OS CONSUMIDORES TÊM A DIZER SOBRE A SUA MARCA, SEUS PRODUTOS/SERVIÇOS OU SOBRE A SUA EMPRESA.

O futuro é omnichannel

TECLA SAP: Omnichannel significa estar em diferentes canais/plataformas ao mesmo tempo e integrar diferentes canais de comunicação, para oferecer uma experiência única e garantir a melhor qualidade no atendimento.

Porém, não se engane. Não estou falando apenas de alcançar o maior número possível de pessoas em canais distintos, mas sim de entender em quais deles a sua persona está presente.

Coletar não basta, tem que analisar

Toda a estratégia pode ser ineficiente se você não mensurar. É como diz aquela célebre frase de William Edwards Deming "o que não pode ser medido, não pode ser gerenciado".

VOCÊ PRECISA COLETAR DADOS E APRENDER A INTERPRETÁ-LOS.

Uma das informações mais importantes é o tal do *Lifetime Value*, conhecido como LTV.

Cliente bom é cliente que volta

Dentro do nosso bom "marketês", existem dezenas de siglas e uma delas é o LTV. Já apertei a TECLA SAP e, resumindo, *Lifetime Value* não é nada mais do que o valor do tempo que o cliente fica com você.

O FOCO DESSE INDICADOR ESTÁ NA RETENÇÃO DE CLIENTES.

O LTV se refere à métrica que define o valor que cada cliente gasta com determinada empresa durante o período em que se relaciona com ela. E, sendo assim, é um número que está ligado à lucratividade e à saúde financeira da organização.

Afinal, o sonho de toda empresa é aumentar a base de clientes, coisa bastante natural e justa. Porém, se o seu objetivo é a perenidade do negócio, tenha em mente que, segundo análise da *Harvard Business Review*, conquistar um cliente novo é de 5 a 25 vezes mais caro do que reter um existente.

DEDICAR-SE À RETENÇÃO É FUNDAMENTAL!

Um estudo da *Bain & Company* (B&C) afirma que aumentar a retenção de clientes em 5% pode originar um aumento nos lucros entre 25% e 95%. Além disso, a probabilidade de converter um cliente existente num cliente repetido fica entre 60% e 70%, enquanto a probabilidade de converter um novo lead varia entre 5% e 20%.

Um cliente só é seu de verdade se ele comprar de novo. Se no momento em que precisou novamente do seu serviço ou produto, não recorreu a você, é sinal que a sua comunicação ou a entrega foi falha. E para evitar que aconteça é preciso ter estratégia.

TODO MUNDO PODE SER SEU CLIENTE DESDE QUE VOCÊ CRIE FORMAS DE VENDER PARA CADA UM DELES. UMA DICA QUE PODE FUNCIONAR: CRIE SUA PRATELEIRA DE PRODUTOS.

Diferente da esteira de produtos, a prateleira considera que as pessoas vão crescendo em maturidade e consciência ao longo da compra, possibilitando que façam a escalada.

Você tem a possibilidade de criar produtos com um tíquete

maior, para uma base de clientes já ativa e consumidora, aumentando não só a recorrência do cliente como o valor gasto por produto.

Um exemplo simples e bastante comum no digital, são os infoprodutos. Qualquer pessoa, de qualquer segmento, pode pensar em um produto digital. Você pode começar com um e-book, que vai custar R$9,90, um livro ou um manual de boas práticas, a R$49,90.

OFEREÇA OPÇÕES AO CLIENTE E ELE PODE IR CRESCENDO JUNTO COM VOCÊ.

É necessário entender as dores do cliente em cada fase para oferecer as soluções mais apropriadas para aquela etapa da compra, para que esteja cada vez mais satisfeito por mais tempo. Uma forma de entender a satisfação do cliente é gerar uma pesquisa de satisfação ou um bate papo com o cliente.

"UM CLIENTE SÓ EU SEU CLIENTE DE VERDADE SE ELE COMPRAR NOVAMENTE; SENÃO, ELE APENAS PROVOU O SEU PRODUTO OU SERVIÇO."

O PAPEL DO MARKETING DIGITAL NA EXPERIÊNCIA DO CLIENTE

A experiência do cliente é o principal indicador da eficácia de suas estratégias de marketing digital.

TODO O DESENVOLVIMENTO DO FUNIL DE VENDAS DO SEU CONTEÚDO É BASEADO EM SOLUCIONAR UMA DOR DO CLIENTE.

Se a experiência dele for positiva significa que todo o mapeamento e entendimento do que ele precisava estava correto. Você, de fato, conseguiu conscientizá-lo sobre o problema e ajudou a resolvê-lo.

Enquanto o marketing digital pode ajudar a construir sua presença digital, a experiência do cliente irá contribuir para que todo o processo de descoberta e compra seja memorável, aumentando as vendas, a fidelização e a retenção de clientes.

O poder do SAC 3.0

Seja Atencioso com o Cliente, essa é a melhor definição para a sigla SAC.

Certamente, você já comprou algum produto ou serviço e precisou aguardar durante horas para falar com o chamado Serviço de Atendimento ao Cliente, mas não é disso que estou falando.

Pensar no atendimento como uma simples parte da operação não é a melhor saída. Gosto de pensar no SAC de outra maneira.

SER ATENCIOSO PODE PARECER ÓBVIO, MAS A VERDADE É QUE MUITAS EMPRESAS NÃO SEGUEM ESSE PADRÃO.

No marketing, para fidelizar e encantar o cliente, o ideal é que o SAC seja visto como estratégico, não operacional. Especialmente quando falamos do SAC 3.0, o nome que costuma ser usado para o atendimento digital.

E vamos de TECLA SAP: SAC 3.0 é o conceito de "Serviço de Atendimento ao Cliente" focado em um novo perfil de consumidor, que se tornou cada vez mais exigente, informado e conectado socialmente, tomando para si as rédeas da relação entre empresa e consumidor.

Neste modelo, o universo digital passou a ser utilizado tanto para otimizar a comunicação quanto para engajamento dos clientes. Afinal, pessoas estão nas redes sociais para se relacionar com pessoas e não com robôs.

As redes sociais e outros canais on-line recebem a maior parte dos contatos de consumidores atualmente. Um levantamento realizado pela *Math Ads* mostrou no final do ano passado que 9 em cada 10 brasileiros fazem alguma pesquisa na internet antes de decidir uma compra.

PORTANTO, ALÉM DE CONTEÚDOS INFORMATIVOS, AS EMPRESAS PRECISAM USAR O SAC DE FORMA ESTRATÉGICA, DANDO AMPLO ACESSO PARA QUE SEJA CAPAZ DE RESPONDER E RESOLVER AS DÚVIDAS QUE ESTÃO SENDO BUSCADAS.

Só que é preciso resolver de maneira completa, garantindo não apenas uma resposta, mas também uma boa experiência. Pode ser o fator decisivo para que o cliente finalize a compra com aquela empresa.

Vale, inclusive, para quem já foi cliente. A chance de recompra cresce quando há um atendimento atencioso, ainda mais na hora de solucionar problemas, além de dúvidas. Esse é um momento chave para manter ou perder um consumidor.

Como ter um SAC digital poderoso e cuidadoso com o público?

A resposta não é uma só. Há uma junção de práticas importantes, desde ter um ou mais profissionais dedicados e treinados, até investir em agilidade sem perder o foco na humanização do atendimento.

> **A EQUIPE DO SAC É CERTAMENTE A PARTE MAIS IMPORTANTE, MAIS ATÉ DO QUE POSSÍVEIS AUTOMAÇÕES.**

Porque as pessoas gostam de falar com pessoas, mas não gostam de perder tempo, serem mal compreendidas ou ignoradas.

Em outras palavras, profissionais especializados no SAC 3.0 são uma boa parte do caminho para que se torne um departamento estratégico na empresa.

Não caia no erro de pensar no SAC como uma mera obrigação.

ALÉM DE AUMENTAR AS VENDAS, ELE É FUNDAMENTAL PARA FIDELIZAR CLIENTES E GARANTIR O CRESCIMENTO DA EMPRESA.

"UM COMENTÁRIO OU INBOX NÃO RESPONDIDO PODE SER UMA VENDA PERDIDA, OU SEJA, DEIXANDO DINHEIRO NA MESA."

GERAR RESULTADOS SENDO ASSERTIVO

Bom, já passamos por todos os conceitos básicos do marketing digital e também apontamos a TECLA SAP para diversos termos de marketês que são utilizados com frequência.

AGORA, É HORA DE FALAR SOBRE O QUE REALMENTE IMPORTA: OS RESULTADOS.

No marketing digital não tem segredo, tem estudo

Sim, você pode ter recebido ofertas de gurus prometendo resultados fáceis ou fórmulas simples para gerar engajamento, aumentar o número de seguidores nas redes sociais e outras ações que "facilitariam" a sua vida.

CORRE BINO, PORQUE É CILADA.

O princípio básico para iniciar estratégias de marketing digital é conhecer o cliente. Porém, como uma receita padrão poderia ser eficaz se as pessoas são muito diferentes umas das outras?

AFIRMO SEM MEDO DE ESTAR ENGANADA: NO MARKETING DIGITAL NÃO TEM SEGREDO, TEM ESTUDO, ESFORÇO E DEDICAÇÃO.

A seguir, fiz questão de preparar uma relação de tópicos que são essenciais para você ter resultados e ser assertivo.

Quem é o seu cliente e onde ele está?

Seus consumidores estão satisfeitos com o seu produto ou serviço? Qual é a percepção que o público-alvo tem em relação à sua marca? As respostas para essas e outras perguntas do negócio, você só pode encontrar de forma confiável ao realizar uma pesquisa de mercado.

O avanço da tecnologia, os novos recursos da vida moderna e a diminuição do contato direto com o potencial cliente pode fazer com que você perca o controle de quem é, realmente, o seu público.

O NOVO PERFIL DE CONSUMIDOR DIGITAL É EXTREMAMENTE SELETIVO E SÓ CONFIA EM EMPRESAS QUE CONSEGUEM ENTENDER SUAS NECESSIDADES E ATENDER SEUS DESEJOS, EXIGINDO UM MAIOR CUIDADO E ATENÇÃO NO PROCESSO DE COMUNICAÇÃO E VENDAS DE UM NEGÓCIO.

É necessário responder os porquês do que leva a pessoa a escolher o seu produto ou serviço. Qual o seu ponto forte? O que mais tem atraído seus clientes? De onde eles vêm? Quais conteúdos gostam mais?

Tudo começa com a pesquisa de mercado!

A pesquisa de mercado é um aspecto importante a adotar para manter sua estratégia de negócios competitiva. Quanto menos você entender seu mercado-alvo, mais dificuldade terá em se conectar com ele.

TECLA SAP: A pesquisa de mercado é a coleta de informações para identificar oportunidades e problemas inerentes à área de atuação da empresa e/ou dos seus produtos e serviços.

Quer entender na prática como aplicar a ferramenta e conhecer o seu mercado e potencial cliente? Conheça um passo a passo com etapas imprescindíveis:

Passo 1 – Objetivo da pesquisa

Qual a finalidade da pesquisa? O que pretende descobrir? Tenha os objetivos definidos de forma clara, pois o caminho a ser traçado dependerá dessas respostas.

Passo 2 – Público-alvo da pesquisa

A quem a sua pesquisa é destinada: consumidores, fornecedores, concorrentes. O público-alvo da pesquisa será estabelecido pelos objetivos. O perfil do público pode ser definido a partir de características sociodemográficas ou comportamentais.

Passo 3 – Amostra da pesquisa

Qual o universo do seu estudo? O universo delimita qual é o público representado na pesquisa, definindo informações como a região geográfica onde a pesquisa foi realizada, faixa etária dos respondentes, classe social, entre outras.

Passo 4 – Elaboração do questionário

É preciso que o questionário contenha todos os aspectos desejados. O ideal é que funcione como um funil, começando com perguntas mais genéricas e se tornando cada vez mais específicas.

Passo 5 – Aplicação do questionário

Existem algumas formas de aplicar um questionário de pesquisa. As mais utilizadas:

- **Pesquisa tradicional**: a coleta das respostas pode ser feita face a face ou por telefone;
- **Pesquisa digital:** a coleta é feita por meio de uma plataforma de pesquisa automatizada;
- **Por link**: a pesquisa é enviada para uma lista de e-mail, inserido em um blog ou rede social, que leva ao questionário;
- **E-mail:** a pesquisa é enviada diretamente para a lista de contatos;
- **Integrado ao site:** é criado um banner inserido no site ou blogue que leva ao questionário;

Passo 6 – Análise dos resultados

Com os dados em mãos, cruze informações, construa tabelas, elabore gráficos e faça uma análise dos resultados. Afinal, são esses dados que irão nortear toda a sua estratégia de marketing digital.

Nicho

NICHO É UM GRUPO DE CONSUMIDORES, UM SEGMENTO DA POPULAÇÃO, QUE POSSUI UMA "DOR" ESPECÍFICA. OU SEJA, PESSOAS QUE TÊM EM COMUM UMA MESMA NECESSIDADE.

Todo produto/serviço é criado para atender a um nicho, independente do seu tamanho. Você sabe qual é o seu? A pesquisa de mercado é essencial nesta etapa, pois trará insights sobre o cenário atual e sobre como você deve se posicionar nele.

UMA RECOMENDAÇÃO: BUSQUE NICHOS QUE AINDA SÃO POUCO EXPLORADOS OU ATENDIDOS POR OUTRAS EMPRESAS.

Ao ter um foco mais específico você será capaz de oferecer experiências mais personalizadas aos seus clientes.

Um exemplo, pense em uma empresa de artigos esportivos voltados para a prática da natação. Os nadadores são um segmento de mercado a ser explorado. Porém, você pode ser mais específico para encontrar o seu nicho.

Pense em uma necessidade específica para esses atletas que treinam praticamente todos os dias nas piscinas: maiôs ou sungas hidrodinâmicos e muito resistentes ao cloro. Agora, sim, temos um nicho de mercado.

Como encontrar o seu nicho?

Com o entendimento do que é um nicho de mercado e entendendo que, talvez, você ainda não tenha o seu tão bem definido, tenho algumas dicas que podem ajudar no processo de identificação:

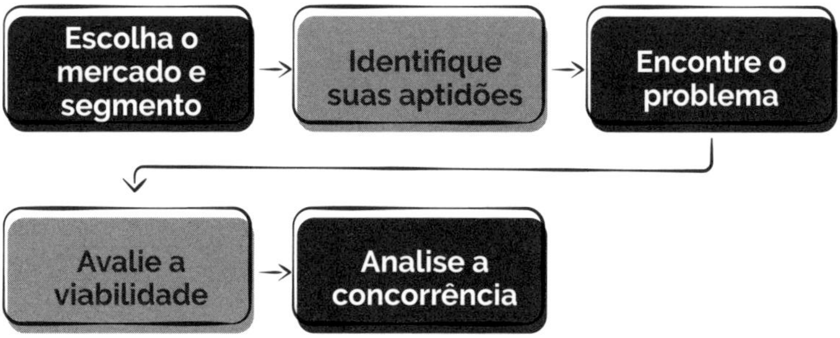

1. Escolha o mercado e o segmento em que quer atuar

Antes de definir o nicho, você precisa saber o mercado e o segmento em que vai atuar. Faça pesquisas sobre as áreas de atuação, para ter garantias de que o nicho que está escolhendo faz sentido.

2. Identifique suas aptidões

Pode parecer tentador optar pelo trabalho com os produtos mais vendidos ou com os serviços mais procurados. Obviamente, deve ser levado em conta, mas não deve ser o principal critério para a decisão.

UMA BOA DICA É TRABALHAR COM ASSUNTOS SOBRE OS QUAIS VOCÊ ENTENDA MAIS QUE O RESTO DAS PESSOAS, O TRABALHO VAI SE TORNAR MAIS LEVE.

Como diria o sábio filósofo: "trabalhe com o que você ama e nunca mais precisará trabalhar na vida".

3. Encontre um problema a ser solucionado

Para atingir o seu nicho de mercado, é preciso identificar uma necessidade de um público específico que foi pouco, ou ainda não foi explorada. A partir disso, você poderá pensar no desenvolvimento de uma solução.

4. Avalie se a ideia é economicamente viável

Após definir mercado, segmento e nicho, o problema a ser solucionado, é hora de avaliar se a empresa será economicamente sustentável. Considere dois fatores: demanda e concorrência. Em geral, as duas grandezas são proporcionais. Normalmente, quanto maior a demanda, maior a concorrência — e vice-versa.

O ideal é encontrar um ponto intermediário.

ENCONTRAR UM NICHO EM QUE AINDA HAJA UMA QUANTIDADE CONSIDERÁVEL DE PESSOAS QUE COMPRARIAM SEUS PRODUTOS OU SERVIÇOS, MAS NO QUAL A CONCORRÊNCIA NÃO SEJA TÃO GRANDE.

5. Faça uma análise da concorrência

Por fim, depois de avaliar todos os pontos anteriores, é hora de olhar para quem já está no mercado e fazer uma análise da concorrência.

PARA ALCANÇAR O PÚBLICO DESEJADO E PROSPERAR, VOCÊ PRECISA OFERECER SOLUÇÕES INOVADORAS.

Para saber quem são seus concorrentes, não olhe para quem oferece os mesmos produtos ou serviços, mas para aquelas empresas que disputam o mesmo público que você quer atingir, com opções semelhantes.

No marketing, conteúdo é rei!

A imagem chama a atenção, a música pode emocionar, mas o que realmente converte os interessados em clientes é o conteúdo de qualidade. E quem determina isso? As pessoas que irão consumi-lo.

E aí você se pergunta: "as pessoas gostam de coisas diferentes, como agradar a todos?" Não é simples, mas um conteúdo de qualidade precisa ser:

- compreensivo;
- útil e relevante;
- educacional;
- atraente;
- fácil de entender;
- e claro, precisa responder às dúvidas do seu cliente.

Embora pareça desafiador e, de fato é, criar conteúdo de qualidade se torna mais simples à medida que você entende quem é o seu cliente e começa a colocar a mão na massa. Quando se conecta com o seu público, os frutos serão colhidos.

O que é conteúdo de qualidade?

CONTEÚDO DE QUALIDADE É AQUELE QUE TIRA A DÚVIDA DO SEU POTENCIAL CLIENTE (PERSONA) E CONSEGUE EXPLICAR UM DETERMINADO ASSUNTO DE FORMA COMPLETA.

Ou é aquele conteúdo que consegue ser melhor que todos os resultados do Google. Porque um conteúdo de qualidade sempre merece o primeiro lugar nas buscas orgânicas. Deixe--me apertar a TECLA SAP aqui: conteúdo de verdade é aquele que vende!

Criar conteúdo de qualidade ajuda a ter mais seguidores, menores taxas de rejeição e conversões mais altas. Porém, como já mencionei, é o cliente quem determina se o conteúdo é bom ou não.

Como ser assertivo e gerar resultados se cada seguidor é diferente e tem uma intenção de pesquisa diferente? É aí que todos os conceitos básicos do início deste livro começam a ser usados na prática.

PERSONA, FUNIL DE VENDAS, MARKETING DE CONTEÚDO, PESQUISA DE MERCADO. É COM A APLICAÇÃO DESSAS FERRAMENTAS QUE ENTENDERÁ O COMPORTAMENTO DO SEU POTENCIAL CLIENTE E SERÁ CAPAZ DE OFERECER CONTEÚDO QUE GERE VALOR PARA ELE.

Apesar de a qualidade do seu conteúdo ser determinada pelos seus seguidores, existem algumas etapas pode seguir para garantir um conteúdo bem pensado, legível e atraente.

NÃO EXISTE FÓRMULA MÁGICA, ISSO VAI SIM LEVAR UM

TEMPO. SÓ QUE É UM TEMPO BEM GASTO, CONFIE EM MIM.

Se posso contribuir com o seu aprendizado, digo que um conteúdo de qualidade possui uma ou mais dessas características:

- ele pode ser compreensível - as pessoas entendem do que você está falando;
- ele pode ser útil - serve para alguma necessidade do seu seguidor;
- ele pode ser necessário - tem algum tipo de importância no que traz de informação;
- ele pode ser educacional - aprende algo com esse conteúdo.

Porque as pessoas estão cansadas de ver postagens e materiais com "cara" de catálogo. Aqueles posts que só vendem os produtos e não se relacionam com as pessoas. Por mais bonito que sejam, eles não vendem.

Lembre-se, estamos falando de relacionamento com cliente, de rede social. As pessoas querem se socializar, querem entender da marca, do que você tem a agregar e, vez ou outra, saberem do seu produto especificamente.

Como mensurar a qualidade de um conteúdo?

Talvez você pergunte: "como medir a qualidade do conteúdo?" Existem alguns indicadores simples que contribuem para determinar seu valor e eficácia (prepare o marca-texto):

- **Estar ranqueado** entre os três primeiros do Google dentro das palavras-chave que você acha importante no seu segmento;
- **Aumentar o engajamento nas redes sociais**. Embora seja uma métrica que não representa a conversão em vendas, permite mensurar o quanto está nutrindo sua audiência e o quanto ela está envolvida com sua marca, sua empresa, com o seu conteúdo;
- **Elevar o número de pessoas** que entram no funil de vendas, gerando mais conversões.

O seu conteúdo está atingindo esses objetivos ou a maioria deles? Então, tenho uma notícia pra você, a sua estratégia de conteúdo está bem-estruturada.

Para criar conteúdo de qualidade, você precisa planejar

Conteúdo de qualidade se baseia em 3 pilares:

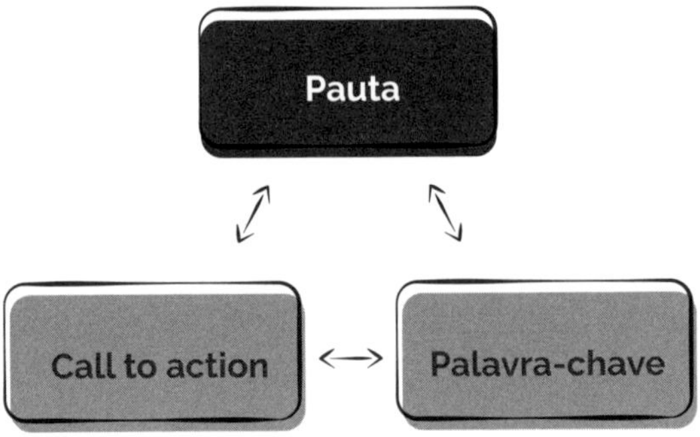

Pauta

Para criar conteúdo de qualidade, você precisa começar definindo a sua PAUTA.

Apertando a **TECLA SAP**: PAUTA é uma agenda ou roteiro com os principais assuntos que precisam ser falados.

Apesar de muitas pessoas acreditarem que a produção de conteúdo esteja limitada à criatividade ou à inspiração, a verdade é que os bons conteúdos dependem de um planejamento que conecte os objetivos da estratégia.

Palavras-chave

Outra parte importante de um bom conteúdo são as palavras-chave. Se você não tem familiaridade com marketing, pode ser que pareça algo estranho, distante, mas a minha proposta é simplificar, e é isso que irei fazer.

AS PALAVRAS-CHAVE SÃO UM DOS ASPECTOS MAIS ESTRATÉGICOS DO CONTEÚDO E ESTÃO RELACIONADAS AO TEMA, À PROPOSTA QUE DEFINIU PARA DETERMINADO MATERIAL, SEJA ELE UMA POSTAGEM, UM ARTIGO OU UM VÍDEO.

Para ilustrar, pense no segmento de beleza. Se você planejou um post sobre dicas de como se maquiar, algumas das palavras-chave serão maquiagem, dicas de maquiagem ou makeup.

A palavra-chave ajuda no ranqueamento do conteúdo nos buscadores, aqueles primeiros resultados que o Google exibe após uma pesquisa. Estão lá porque a plataforma entendeu que esses primeiros são os que melhor respondem sua dúvida.

Como ele chega nesse entendimento? Através da análise dos robôs que conseguem identificar diferentes fatores do tema abordado, a qualidade do conteúdo e se ela responde a dúvida do usuário. As palavras-chave têm grande importância para o entendimento.

Call-To-Action

O famoso ou desconhecido CTA, a depender do seu conhecimento sobre marketing digital, nada mais é que uma Chamada Para Ação, aquela frase que vai estimular o seguidor e potencial cliente a tomar determinada ação.

Sabe quando você lê um post ou assiste a um vídeo na internet e, no meio ou no final tem aquela mensagem para curtir o post, deixar o comentário ou se inscrever no canal? É um CTA. A pessoa ou empresa que desenvolveu o conteúdo está estimulando uma ação sua que é interessante para ela. Por isso, pense bem e escolha um CTA que será impossível ignorar.

Como conectar o cliente ao seu conteúdo?

A RESPOSTA É: HUMANIZANDO O CONTEÚDO.

Na internet, você encontra inúmeros materiais falando sobre ações "humanizadas", desde atendimento ao cliente até relações de trabalho. Quando se trata de redes sociais, o que o termo quer dizer, realmente?

Por um lado, é possível pensar que o contato exclusivamente on-line tira um pouco da conexão que surge do olho no olho ou outros tipos de experiências presenciais. Contudo, as redes sociais criaram uma nova maneira de se conectar e saber como fazer é o diferencial que leva à humanização.

A "conexão virtual" precisa seguir regras próprias para funcionar. Primeiro, é imprescindível que todo conteúdo seja direcionado a públicos específicos, já que ninguém se conecta com posts genéricos demais.

Outro ponto que não pode ser ignorado é o da interação direta. Ela deve ser próxima, cuidadosa e personalizada. Não se trata só de um bom atendimento – nas redes sociais, seja você uma marca ou uma pessoa física, é necessário se relacionar com os clientes.

As empresas que desejam se inserir nas redes precisam entender que estão se inserindo em um contexto social. Por isso, devem agir de acordo. O foco é exatamente esse: o social.

A divulgação de produtos e serviços podem e devem acontecer, mas não com aquela "cara" de catálogo.

A ATRAÇÃO DAS PESSOAS NO MARKETING DIGITAL DEPENDE DO TIPO DE CONTEÚDO QUE VOCÊ PUBLICA.

Quanto mais relevante e interessante for para quem está lendo, maiores as chances de ele se conectar, indicar para amigos e familiares, comentar, compartilhar nas suas próprias redes, etc.

O principal para alcançar a humanização é lembrar que, do outro lado da tela, sempre haverá uma pessoa. O usuário que está acessando o perfil é alguém com sentimentos, desejos, receios e tudo mais, não um mero "leitor".

Uma dica: não há crescimento sustentável no marketing digital sem antes existir conexão. Interação, afinidade, relacionamento, é o que define a verdadeira humanização nas redes sociais.

Criando conteúdos que atraem e convertem

Agora que você já sabe como analisar a qualidade dos seus conteúdos, que tal colocar a mão na massa e começar a produzir materiais que atraem e, o mais importante, que vendem?

Para você ficar no caminho certo do sucesso, separei 5 dicas infalíveis:

1. Descubra a intenção de busca do potencial cliente e atraia com um call-to-action assertivo.

As pessoas vão até o Google para encontrar respostas. Toda pesquisa carrega uma intenção. Por exemplo, se alguém busca por "receita de bolo de chocolate" é bem provável que a intenção dela seja preparar um bolo de chocolate.

Porém, nem sempre é tão simples identificar a intenção e é aí que mora o desafio. O importante é considerar a intenção na hora de escrever os seus conteúdos. Voltando ao exemplo da receita de bolo.

Se você vende um fermento diferente ou um chocolate maravilhoso, faz todo sentido criar uma receita de bolo com os seus produtos. Assim, o Google vai entender que o conteúdo responde à intenção de busca do usuário, pois entrega exatamente o que ele quer.

Talvez você pergunte: "como vou saber o que a pessoa está buscando ao pesquisar no Google? Tarô? Telepatia?" Não. Existem duas formas, uma é se colocar no lugar dele e tentar encontrar essa motivação. Outra é você mesmo pesquisar no Google e analisar as respostas. Agora é só escrever um conteúdo e um bom CTA baseado nessas respostas.

2. Facilite a leitura do seu conteúdo

Você deseja que seu conteúdo seja lido e facilmente entendido, não apenas por seus consumidores, mas também pelo Google e outros buscadores?

MELHORE A FORMATAÇÃO. ESSA SIMPLES ATITUDE EXERCE UM GRANDE PAPEL EM SEU DESEMPENHO GERAL.

Geralmente, as pessoas não leem o conteúdo por inteiro e buscam apenas a resposta para a dúvida. Daí a importância de dividir o conteúdo em títulos e subtítulos, listas e pequenos blocos de texto. Conteúdos com blocos enormes de textos não são lidos. Tempo é um recurso escasso. Eu não tenho tempo sobrando, os robozinhos do Google também não e acredito que nem você.

3. Acompanhe as tendências e crie a sua biblioteca de conteúdos

Um conteúdo de qualidade não cresce em árvore e nem surge do nada. Todo bom criador de conteúdo tem uma biblioteca de ideias que rendem bons materiais. E você precisa fazer o mesmo.

PARA CRIAR A SUA BIBLIOTECA DE CONTEÚDOS, ACOMPANHE AS TENDÊNCIAS DO SEGMENTO, DÊ UMA ESPIADA NA CONCORRÊNCIA, VEJA O QUE ESTÁ BOMBANDO POR LÁ E DESCUBRA COMO REPLICAR SEM COPIAR.

Também converse com seus seguidores e clientes e identifique o que eles querem saber. Use o Google Alerts para receber novidades sobre temas relevantes para o seu nicho. Você também pode pegar um conteúdo antigo e atualizá-lo.

Só relembrando aquela lei universal: não tem fórmula mágica! Você precisa ler livros, jornais, blogs e consumir tudo o que estiver disponível sobre o seu mercado, o seu nicho. Essa é a receita para não ficar sem o que falar nas redes, sempre gerar valor para os seguidores e fugir do tão temido bloqueio criativo.

Use a sua biblioteca de ideias e transforme-a em conteúdos únicos: Nada se cria, tudo se copia. Não entendeu? Vou explicar!

Diante da grande quantidade de informação disponível na internet, são raros os nichos em que você consegue, de fato, criar um conteúdo inédito, sem qualquer referência.

ESSA É A PALAVRA-CHAVE AQUI: REFERÊNCIA.

A sua biblioteca de ideias trará referências para produzir novos materiais, sem necessariamente copiar aqueles que já existem. Sabe um caleidoscópio? A cada giro monta uma combinação diferente.

No marketing também é assim. Você pega aquela referência, traz um outro olhar e, pronto, tem uma nova postagem tão relevante quanto. Então, crie uma vasta biblioteca de ideias e sempre terá a possibilidade de criar conteúdos únicos.

4. Aposte nos diversos formatos

Vocês já viram como o jornal impresso era antigamente? Sem fotos, apenas blocos enormes de texto. Esse formato é atrativo para você? E por que seria para o seu potencial cliente? Você precisa diversificar.

Isso significa produzir conteúdo em vídeo, transmitir sua mensagem por meio de fotos e imagens, mostrar sua autoridade através de infográficos e, claro, gerar valor para o seu público por meio de textos (e, por que não, um meme de vez em quando?)

5. Invista seu tempo nos títulos

Os títulos, as chamadas, ou headlines, de um conteúdo são determinantes para o sucesso, pois é o primeiro contato que a pessoa tem com o seu material. Para criar títulos irresistíveis, siga as dicas:

- Mantenha o título curto e fácil de ler;
- Não prometa algo que o conteúdo não irá cumprir;
- Diga sobre o que é o conteúdo;
- Fique atento ao timing;
- Crie um senso de urgência;
- Não tenha medo de inovar;
- Não utilize letras maiúsculas e pontuações em excesso;
- Teste variações sempre.

Depois de ter aprendido como criar conteúdo que atraem, vou te ensinar a fazer com que este conteúdo alcance o maior número de pessoas! Vamos falar sobre **TRÁFEGO PAGO.**

"INVISTA EM TRÁFEGO PAGO DEPOIS DE SABER QUEM É O SEU PÚBLICO E O QUE ELE GOSTA, SUAS CHANCES DE CONVERSÃO SERÃO MAIORES."

TRÁFEGO PAGO NÃO É UM BICHO DE SETE CABEÇAS

Tráfego pago - você já ouviu falar, mas não faz ideia do que seja? Sem marketês, a regra é simplificar.

PARA MIM, UMA BOA DEFINIÇÃO É: QUER SER VISTO POR PESSOAS QUE AINDA NÃO TE CONHECEM? PAGUE!

Ainda não entendeu? Estamos falando daqueles anúncios que você recebe quando navega pelo Instagram, quando assiste a um vídeo no YouTube ou até quando faz uma pesquisa no Google.

O TRÁFEGO PAGO É AQUELE QUE TEM ORIGEM NA BOA E VELHA PROPAGANDA.

Obviamente, a minha proposta neste capítulo não é transformar você em um especialista no tema, mas sim trazer um breve resumo para que entenda como funciona esse importante recurso do marketing digital, até mesmo para saber como pedir a um especialista o que você deseja.

Na internet, utilizamos o termo "tráfego" para descrever todo o alcance, visitas e visualizações que você recebe em suas páginas, redes sociais, blogues e outros canais digitais. Quando não investe nenhum centavo em anúncios, dizemos que esse tráfego é orgânico.

SE VOCÊ COLOCA DINHEIRO PARA PATROCINAR UM POST, TURBINAR UMA PUBLICAÇÃO OU DIVULGAR UM ANÚNCIO NA INTERNET, VOCÊ ESTÁ INVESTINDO EM TRÁFEGO PAGO.

Embora não seja obrigatório, os seus resultados serão potencializados, pois serão vistos não só por pessoas que já te conhecem e já te seguem, como outras que você quer que vejam os seus anúncios, seja por localização, gênero, interesses, entre diversas outras possibilidades de filtrar o público.

As principais ferramentas

Existem diferentes formas de investir em anúncios nas redes. As principais plataformas que ficam felizes em receber o seu dinheiro são: Google Ads, Meta Ads (Facebook/Instagram), YouTube, Linkedin Ads, Tik Tok Ads e Pinterest Ads.

ALGUMAS FAZEM PARTE DO MESMO GRUPO ECONÔMICO E, POR ISSO, PODEM SER GERIDAS INDIVIDUAL OU COLETIVAMENTE.

Exemplo: para anunciar no Instagram ou Facebook, você pode usar o Gerenciador de Anúncios do Meta Ads.

Google Ads

O Google Ads é a plataforma de anúncios do Google, o antigo AdWords, que lidera o mercado de mídia on-line atualmente. É possível criar anúncios de Pesquisa, de Display, no YouTube, no Gmail e também na PlayStore.

UM AVISO AOS NAVEGANTES: NÃO BASTA COLOCAR O DINHEIRO E ESPERAR A MÁGICA ACONTECER.

A plataforma de anúncios do Google funciona como um leilão em que os anunciantes oferecem dinheiro em troca de cliques, mas nem sempre a melhor oferta ganha. Não basta pagar, o anúncio precisa ser bom. Afinal, de um lado, o Google vende anúncios, de outro, ele promete entregar bons resultados de pesquisa.

Meta Ads

O antigo Facebook Ads é o sistema de anúncios do grupo Meta, que permite anunciar no Facebook, no Messenger, no Instagram e até no WhatsApp.

A plataforma é conhecida por oferecer uma maior personalização para as campanhas, pois dispõe de um grande volume de dados a respeito do comportamento das pessoas com os cadastros nas redes sociais e seu comportamento.

LinkedIn Ads

É o recurso de anúncios do próprio LinkedIn, muito atrativo para quem está interessado em divulgar a empresa, seus produtos ou serviços ou alcançar parceiros comerciais.

É UMA FERRAMENTA COM SEGMENTAÇÃO PODEROSA, ACESSO A UM PÚBLICO INFLUENTE E COM FOCO EM NEGÓCIOS B2B.

Busca impulsionar os conteúdos ou marcas por meio de anúncios direcionados ao público-alvo, potencializa as estratégias de captação e conversão do marketing de conteúdo, pois amplia o alcance de pessoas.

Por ser um público mais influente e com um nível aprofundado de segmentação, os custos dos anúncios no LinkedIN costumam ter o valor mais alto do que os demais, porém são ultra nichados.

Pinterest Ads

É a ferramenta de anúncios da própria rede social, na qual é possível patrocinar os pins (publicações), definindo um público-alvo específico e mensurando os resultados do investimento. Assim, as marcas conseguem aumentar o alcance do seu perfil ou gerar mais tráfego e conversões.

TikTok Ads

É a plataforma exclusiva do TikTok desenvolvida para criação de anúncios nos mais variados formatos. Ainda são poucas as marcas ou empresas anunciando dentro da plataforma, o que garante uma vantagem competitiva interessante, uma vez que o TikTok foi a rede social que mais cresceu nos últimos anos. Segundo a pesquisa Pesquisa *Time well spent 2022*, realizada pela Kantar Media, 92% dos usuários de todo o mundo realizaram alguma ação após assistir a um Tik Tok, ou seja, uma grande oportunidade de conversão.

EM RESUMO, UMA BOA ESTRATÉGIA DE TRÁFEGO PAGO ENVOLVE OUTROS FATORES ALÉM DO INVESTIMENTO FINANCEIRO, COMO A ATRATIVIDADE DO ANÚNCIO, A SEGMENTAÇÃO DO PÚBLICO QUE VOCÊ QUER ALCANÇAR E O LOCAL PARA ONDE QUEM CLICAR NO ANÚNCIO SERÁ DIRECIONADA.

“PARA MIM, UMA BOA DEFINIÇÃO É: QUER SER VISTO POR PESSOAS QUE AINDA NÃO TE CONHECEM? PAGUEI”

MENSURANDO OS RESULTADOS SEM COMPLICAÇÃO

Antes da popularização do marketing digital, as empresas investiam em comerciais e propagandas de valor elevado sem ter a possibilidade de mensurar a efetividade das campanhas e os resultados gerados.

PORÉM, NÃO É MAIS UMA REALIDADE. NO DIGITAL, TUDO PODE SER MEDIDO E ANALISADO, SEM COMPLICAÇÃO.

A proposta não é explicar as inúmeras siglas do marketês, mas falar o porquê e como mensurar suas ações.

Para iniciar, você precisa ter uma breve noção das métricas mais comuns utilizadas em uma estratégia de marketing digital:

- **Taxa de Conversão**: é a porcentagem obtida entre o número de visitas recebidas e o total de vendas realizadas;
- **Taxa de Rejeição:** percentual de usuários que acessaram determinada página apenas uma vez, não clicam em nada e nem acessam outras abas do site;

- **Visitantes Únicos:** pessoas que visitam o site uma única vez dentro do período indicado;
- **Taxa de abertura:** usada para e-mail marketing, é o resultado da proporção entre quantidade de pessoas que receberam e o total de e-mails que foram abertos.

ESSAS MÉTRICAS SÃO APENAS ALGUMAS POSSIBILIDADES DO QUE PODE SER MENSURADO.

Ao final deste livro, preparei um glossário completo, simplificando todos os termos do marketês para você nunca mais se confundir.

Voltando ao assunto, analisar continuamente os resultados de uma estratégia de marketing digital é essencial para identificar os canais que mais trazem retorno, o formato com melhor performance e o inverso, ou seja, tudo o que não funcionou.

Quando você escolhe não mensurar os resultados, é esperado que tenha dúvidas sobre qual etapa do funil precisa de melhorias, sobre como calcular o investimento necessário para trazer o resultado esperado ou como identificar o canal de conversão mais efetivo.

Como mensurar ações de marketing digital?

Agora que entendeu a importância de medir seus resultados, preciso falar sobre como fazer a mensuração.

Existem alguns caminhos indispensáveis:

- **identificar os seus objetivos com determinada ação ou campanha**. Onde quer chegar? Quais resultados espera? Qual meta irá indicar o sucesso ou o fracasso;
- **estabelecer quais as métricas mais importantes**. Se o objetivo é crescer um perfil nas redes sociais, precisa acompanhar as métricas de número de impressões, engajamento e retenção de audiência, ou, no tráfego pago, o Custo por Aquisição (CAC) e o Custo por Clique (CPC);
- **calcular as taxas de conversão** de todos os seus canais;
- **gerar relatórios** para extrair os dados necessários.

Para encerrarmos esse tema, preciso esclarecer que de nada vale apenas medir, você tem que agir.

OS DADOS OBTIDOS DEVEM SER ANALISADOS, INTERPRETADOS E PRECISAM GERAR AÇÕES DE MELHORIA.

Ferramentas para medir os resultados

Para conseguir analisar dados e gerar relatórios você precisa, primeiro, extrair os dados. Porém, não se preocupe, esse é um trabalho facilitado pelas diferentes ferramentas disponíveis na internet.

Google Analytics

É uma plataforma de análise de websites capaz de fornecer um vasto volume de dados referentes à performance da página e comportamento dos usuários. Para começar a mapear as informações do seu site, busque tutoriais na internet sobre como configurar o Google Analytics.

Facebook Insights

É a principal ferramenta do grupo Meta para análise de audiência e mensuração de desempenho. Reúne uma base de dados extensa e variada, engajamento dos usuários, alcance dos posts, visualizações e horários de maior acesso são algumas das métricas que fornece.

Instagram Insights

No Brasil, o Instagram tem usuários mais engajados e sua base ainda está em expansão. Recomendo que utilize o Instagram Insights periodicamente para entender como as suas postagens e anúncios estão desempenhando.

Além de todas as ferramentas desenvolvidas e oferecidas pelo Google e pela Meta, existem outras plataformas pagas que não fornecem apenas informações de performance e comportamento, mas também insights para melhorias, além de compilarem todas as informações e dados em um relatório único.

“NO DIGITAL, TUDO PODE
SER MEDIDO E ANALISADO,
SEM COMPLICAÇÃO.”

E A CONCORRÊNCIA?

Uma outra tarefa importante para você que deseja ser assertivo e gerar bons resultados é fazer uma análise da concorrência.

ESSE ESTUDO É IDENTIFICAR OS CONCORRENTES, ENTENDER COMO SE RELACIONAM COM O PÚBLICO E COMO SÃO VISTOS POR ELES.

Esses dados permitem que você tenha mais embasamento para montar o planejamento, tomar decisões, desenvolver ações de marketing digital e descobrir os potenciais riscos e oportunidades.

Uma boa análise da concorrência permite entender como ela se comporta sobre diferentes aspectos, tais como:

- **Produto:** quais produtos o concorrente oferece? Quais deles concorrem diretamente com o seu e quais são similares? Tudo começa pela identificação das empresas que atuam no mesmo nicho;

- **Preço:** a análise da concorrência precisa considerar os preços praticados pelas empresas do setor. O preço deve estar alinhado ao posicionamento da empresa e ao público-alvo que deseja atingir;
- **Público-alvo:** você precisa se guiar pelas empresas que têm o mesmo público. Caso contrário, vocês não serão concorrentes diretos, mesmo que o serviço seja o mesmo;
- **Marketing:** sempre avalie a estratégia de marketing do concorrente, verificando se ele investe em anúncios, se há uma boa frequência na produção de postagens, se ele oferece conteúdos de valor ou apenas divulga seus produtos, etc.;
- **Relação com o cliente:** outro ponto imprescindível é a forma como os concorrentes interagem com os clientes nos seus canais digitais, como se comunicam, se os comentários nas postagens são respondidos e como são.

Como fazer a análise da concorrência

SEI QUE NEM SEMPRE É FÁCIL ENCONTRAR AS INFORMAÇÕES DOS CONCORRENTES.

Existem ferramentas que facilitam a busca e a aquisição desses dados. Aquelas que recomendo são:

- **Análise SWOT:** é um recurso muito usado na Administração e consiste em analisar as Forças, Fraquezas, Oportunidades e Ameaças de um negócio, oferecendo elementos essenciais para o planejamento estratégico da empresa ou marca;
- **Google Alerts:** quer ser avisado quando sair algo sobre você ou sobre o concorrente na internet? Use o Google Alerts, serviço gratuito do Google que monitora as palavras configuradas, enviando relatório diário sobre tudo o que foi encontrado;
- **Google Trends:** outra ferramenta do Google, que permite acompanhar o volume de buscas sobre determinada palavra-chave. A ferramenta permite uma pesquisa detalhada.

Essas são as ferramentas mais usadas no mercado para a realização de uma boa análise da concorrência.

Para começar a desenvolver a sua, preste atenção ao meu checklist de etapas:

- **Defina os objetivos em realizar a análise.** Por que você está observando a sua concorrência? Como as respostas irão mudar o seu posicionamento?
- **Escolha os critérios** a serem analisados, considerando apenas aquilo que é relevante para o seu objetivo;
- **Interprete os dados:** colete os dados, faça uma análise e interprete-os para encontrar as respostas que está buscando.

Busque referências no mercado

Em um primeiro momento até pode parecer a mesma coisa, mas não, buscar referências é diferente de analisar a concorrência. Afinal, você pode ter uma empresa ou marca que seja uma referência para você, mas que não seja do seu nicho.

E por que encontrar essas referências?

PARA QUE VOCÊ TENHA UM CAMINHO A SEGUIR, CONSIGA TER UMA BREVE NOÇÃO DO QUE GOSTA E DO QUE NÃO GOSTA, DO QUE DÁ CERTO E DO QUE DÁ ERRADO.

Afinal, por que você precisa, literalmente, começar do zero?

As referências são formas de começar um projeto. Quando observamos um avião, por exemplo, a referência para sua criação foi o voo dos pássaros.

Para encontrar referências, você pode:

- Fazer uma pesquisa entre os perfis que segue e gosta do que é feito, e vislumbre como adaptá-lo ao seu nicho, ao seu mercado;

- Pesquise nas redes sociais por hashtags relacionadas ao produto ou serviço e veja o que está sendo feito;
- Use sua análise da concorrência para entender o que funciona bem e o que não funciona com o seu público;
- Teste as referências, teste formatos, teste, teste e teste.

"ACREDITO QUE NO MOMENTO EM QUE VOCÊ ESTÁ LENDO ESTE LIVRO, A INTELIGÊNCIA ARTIFICIAL AINDA NÃO TENHA ASSUMIDO SUA PRÓPRIA PERSONALIDADE E NÃO SE VIROU CONTRA OS SERES HUMANOS."

CHATGPT E ALÉM: AS FERRAMENTAS DE IA QUE REVOLUCIONAM O MARKETING

Acredito que no momento em que você está lendo este livro, a Inteligência Artificial ainda não tenha assumido sua própria personalidade e não se virou contra os seres humanos, um temor que já foi muito especulado, mas que parece coisa de ficção científica.

A verdade é que, embora os estudos tenham começado ainda nos anos 50, a partir de 2022, a IA evoluiu muito rapidamente e até assustadoramente, pegando muitos de surpresa e deixando no ar a pergunta: onde isso vai parar?

A IA não é uma novidade e ela está presente de inúmeras formas em nossa rotina. Antes, apenas por uma questão de organização, eu preciso apresentar o conceito de inteligência artificial:

"Uma capacidade do sistema para interpretar corretamente dados externos, aprender a partir desses dados e utilizar essas aprendizagens para atingir objetivos e tarefas específicas através de adaptação flexível" - *Andreas Kaplan e Michael Haenlein*

APERTANDO A TECLA SAP, EU DIRIA QUE A INTELIGÊNCIA ARTIFICIAL PODE SER DEFINIDA COMO A UTILIZAÇÃO DA TECNOLOGIA PARA EXECUTAR TAREFAS E PROCESSOS COMO UM SER HUMANO, MAS COM A CAPACIDADE DE SER TREINADA E ABSORVER O APRENDIZADO, SENDO CADA VEZ MAIS PRÓXIMA DA MENTE HUMANA A CADA NOVA TENTATIVA.

Falando sobre a presença massiva da IA no nosso mundo, posso mencionar, por exemplo, os chatbots. Sabe quando você chama uma empresa no WhatsApp e começa uma conversa automática com quem está do outro lado? Esse é um pequeno exemplo de como os chatbots com inteligência artificial são usados.

Temos também os assistentes de voz, como a Alexa da Amazon, a Siri da Apple e até o "Hey Google". Outro recurso muito usado nos últimos anos é a Realidade Aumentada, que é um desdobramento da inteligência artificial que integra o digital ao ambiente físico.

Esses são só alguns exemplos para situar você nesse universo. No entanto, quando falamos da IA aplicada ao marketing, existem ferramentas que geraram um grande burburinho e que merecem um capítulo à parte.

A INTELIGÊNCIA ARTIFICIAL
ESTÁ MUITO PRESENTE
NO DIA-A-DIA.

ChatGPT - Amor e Ódio

Sim, quando o ChatGPT surgiu, no fim de 2022, ele dominou as manchetes dos portais de notícias. Foi o tema mais falado e debatido nas redes sociais, sendo explorado em todas as suas vertentes, seja para criticar, para incentivar ou para ensinar a como utilizá-lo.

Afinal, não é para menos, em apenas dois meses de funcionamento, essa IA já tinha conquistado 100 milhões de usuários, tornando-se o app de crescimento mais acelerado da história (e talvez o que causou a maior polêmica na era digital).

A ferramenta da OpenAI é uma evolução de outras tecnologias criadas anteriormente pela empresa. A sigla GPT significa Generative Pre-Trained Transformer que, traduzindo, seria algo como a tecnologia que foi treinada usando Aprendizagem por Reforço com Feedback Humano.

O ChatGPT utiliza um algoritmo baseado em redes neurais que possibilitam a construção de um diálogo com o usuário a partir do processamento de um enorme volume de dados e de milhares de exemplos de linguagem humana.

Por que ele é diferente? Vamos comparar a um chatbot padrão. Enquanto o chatbot se baseia em regras estabelecidas previamente, o ChatGPT compreende o significado das frases, sendo capaz de responder a um número infinito de perguntas.

Como o ChatGPT pode ajudar

Como a resposta pode ser muito longa, pedi ao próprio ChatGPT para responder a essa pergunta. Então, ChatGPT, do que você é capaz?

"Olá! Estou aqui para ajudar com uma variedade de tarefas. Como um modelo de linguagem avançado, sou capaz de responder a perguntas, fornecer informações, auxiliar na resolução de problemas, dar sugestões e muito mais. Além disso, posso conversar sobre diversos tópicos, contar histórias, explicar conceitos e até mesmo ajudar com redação de textos. No entanto, é importante ressaltar que, como um modelo de linguagem, não possuo conhecimento prático ou experiência do mundo real. Estou aqui para fornecer informações com base no treinamento que recebi até setembro de 2021. Como posso ajudá-lo hoje?"

Quando o questionei sobre as tarefas mais solicitadas pelos usuários, o ChatGPT enumerou 10 itens que nos mostram o porquê dessa ferramenta ser alvo contínuo de estudos, pesquisas e questionamentos:

1. Responder a perguntas gerais.
2. Fornecer definições e explicar conceitos.
3. Auxiliar na resolução de problemas matemáticos simples.
4. Dar conselhos e sugestões em várias áreas.
5. Auxiliar na redação de textos, fornecendo ideias e sugestões.
6. Criar histórias e narrativas.

7. Fornecer informações sobre celebridades, filmes, livros, etc.
8. Conversar sobre tópicos diversos, como esportes, música, ciência, tecnologia, entre outros.
9. Auxiliar no aprendizado de idiomas, fornecendo traduções e exemplos de uso.
10. Oferecer suporte em tarefas de pesquisa e encontrar informações relevantes.

Além disso, o potencial dessa IA da OpenAI pode ser ampliado quando integrado a outras soluções que fazem parte do nosso dia a dia, como nas pesquisas do Bing, no WhatsApp Business, nos documentos gerados no Word, Excel e PowerPoint.

O ChatGPT vai impactar o mercado de trabalho?

Essa é a pergunta de milhões que o mundo tenta descobrir a resposta. Isso porque a partir do momento em que o potencial do ChatGPT foi percebido, muitas empresas passaram a adotar a ferramenta e, na maioria dos casos, para substituir o trabalho humano.

A automação de processos com o ChatGPT levou o portal BuzzFeed a demitir 15% dos seus funcionários e a encerrar o BuzzFeed News como uma empresa autônoma.

Esse é apenas um exemplo de vários cortes que foram e continuam sendo realizados a fim de reduzir custos e aumentar a produtividade. Isso mesmo, após o CEO da OpenAI, Sam Altman, ter advertido que o ChatGPT ainda não era confiável para nada que fosse importante.

Porém, diante de tudo que é capaz de fazer, não é difícil afirmar que essa tecnologia irá absorver muitas profissões. Segundo a respeitada consultoria Goldman Sachs, até 300 milhões de empregos de tempo integral, cerca de 18% da força de trabalho global, podem ser substituídos pela automação que o ChatGPT e outras ferramentas de TI podem introduzir.

Entre as profissões que mais podem ser impactadas, de acordo com levantamento da Business Insider, são:

- profissionais que executam trabalhos técnicos - desenvolvedores e engenheiros de softwares, programadores e analistas de dados;
- trabalhos de mídia (publicidade, criadores de conteúdos, designers gráficos, redatores e jornalistas);
- empregos na área jurídica (advogados e assistentes jurídicos);
- profissionais do mercado financeiro (analistas, contadores e consultores);
- analistas de dados, professores e agentes de atendimento ao cliente.

Embora haja toda essa especulação, ainda é cedo para conhecer os limites da IA. Isso porque, mesmo empresas que já a utilizam no seu dia-a-dia, precisam fazer o trabalho de julgamento humano a fim de evitar erros, preconceitos e problemas com plágio.

"ATÉ 300 MILHÕES DE EMPREGOS DE TEMPO INTEGRAL, CERCA DE 18% DA FORÇA DE TRABALHO GLOBAL, PODEM SER SUBSTITUÍDOS PELA AUTOMAÇÃO QUE O CHATGPT E OUTRAS FERRAMENTAS DE TI PODEM INTRODUZIR."

MidJourney, Lensa e DALLE-2

Nem só de ChatGPT vive a Inteligência Artificial. Outras centenas de ferramentas surgiram ou até mesmo existiam antes do chatbot da OpenAI, mas se tornaram conhecidas do grande público após essa tecnologia tornar-se a trend do momento.

As 3 ferramentas, **MidJourney, Lensa e DALLE-2** são voltadas para o mesmo objetivo: criação de imagens a partir de descrições de texto.

Resumindo, você diz exatamente o que você precisa e a plataforma entrega a imagem que você deseja. Eu enxergo benefícios, mas também desafios. E você?

O MidJourney e as polêmicas imagens fake

Donald Trump lutando contra policiais que tentavam prendê-lo? Papa Francisco fashionista com um casaco puffer? Se você também viu essas imagens em algum momento, sabe que estou falando das polêmicas imagens criadas no MidJourney e que foram amplamente divulgadas.

O grau de confiabilidade das imagens é tão alto que a tal foto do Papa fashion foi inicialmente divulgada como uma notícia e só depois o autor da "brincadeira" informou que se tratava de um teste realizado por ele na aplicação.

Trata-se de um app criado por David Holz que funciona dentro do Discord, uma plataforma de chat muito utilizada por gamers, de maneira coletiva. Ou seja, todos acompanham as criações de todos que estiverem no mesmo canal.

Diferente de outras IAs como o DALLE-2, o MidJourney não cria a imagem em cima de uma outra que você tenha enviado, mas a utiliza como inspiração. O app é pago, mas você pode gerar até 10 imagens de forma gratuita.

Lensa e a mágica dos avatares

Dentre as 3 plataformas citadas, o Lensa é o único que, até esse momento, se apresenta no formato de um aplicativo, podendo ser baixado para Android e para iOS. O grande sucesso da ferramenta é o seu recurso chamado Magic Avatars, que gera avatares personalizados de qualquer pessoa através de Inteligência Artificial.

Para tal, os usuários precisam enviar um determinado número de selfies, o que permitirá à ferramenta oferecer um resultado mais fiel. Os avatares podem ser criados com base em diferentes temas, desde universos futuristas a ambientes místicos.

No entanto, por não permitir o uso gratuito desse recurso, o Lensa ganhou muitos concorrentes que oferecem resultados semelhantes sem que você precise pagar por isso. Esse é o caso do ToonMe e do Portrait AI.

DALLE-2 - A irmã artista do ChatGPT

O DALLE-2 é a ferramenta de geração de imagens da OpenAI, a mesma do ChatGPT, que utiliza inteligência artificial e aprendizado de máquina. Essa IA pode criar imagens em formato de desenho ou ilustração, ou pode manipular imagens já existentes.

O acesso à ferramenta também se dá pelo site da OpenAI e o usuário só precisa usar sua criatividade para descrever o resultado que gostaria de obter. Porém, o DALLE-2 foi programado com restrições para criar imagens de celebridades, políticos, nudez explícita, conteúdo violento e/ou sensível.

O que são os tais prompts?

Quando você contrata um profissional para fazer um serviço é preciso informar a ele exatamente o que você quer, certo? Quanto mais detalhada essa solicitação, mais próximo do que você imagina será o resultado. Podemos chamar isso de um briefing ou, no caso das IAs, de um prompt.

Resumindo, um prompt é o seu comando, em texto, para você "conversar" com uma ferramenta de inteligência artificial para que ela execute o que você havia imaginado. Os prompts ajudam a IA a entender o contexto da conversa e determinar o que o usuário está buscando.

Esses comandos não possuem um tamanho específico, podendo ser desde uma frase até um longo texto, a depender da complexidade da sua solicitação.

Imagine que você quer que o ChatGPT elabore receitas de comidas italianas. Para que ele seja o mais fiel possível e forneça uma lista de refeições tipicamente italianas, o seu prompt precisa mencionar, pelo menos:

- personificar o ChatGPT. Ou seja, para que a inteligência artificial entregue um resultado o mais próximo possível da linguagem que você deseja, essa linguagem precisa ser explicada a ele. Por exemplo, se você é um chef que escreve receitas fáceis, sem termos complexos, o ChatGPT precisa saber disso;
- a quantidade de receitas que você deseja;
- explicar se o que você quer são receitas culinárias tipicamente produzidas na Itália;
- esclarecer as informações que as receitas precisam trazer, como, por exemplo, ingredientes, quantidades de cada ingrediente, forma de preparo, tempo de preparo, entre outros;
- apresentar a forma como quer ter o resultado. Ex.: uma lista separada para ingredientes e outra para preparo; uma tabela separando quantidade, item e modo de fazer; um texto corrido objetivo e curto explicando toda a receita, etc.

Assim, um exemplo de prompt para o ChatGPT para 5 receitas de comidas italianas, considerando que você é um Chef brasileiro e que esse conteúdo será usado em um blog seu que tem como proposta receitas fáceis para leigos, o prompt seria algo como:

"ChatGPT, preciso que você escreva 5 receitas de refeições produzidas na Itália. Para isso, preciso que você assuma a

personalidade de um chef de cozinha brasileiro que ama comidas italianas e, por isso, criou um blog para oferecer receitas simples de fazer, com uma explicação clara, simples, sem termos técnicos ou que não sejam muito populares no Brasil. Essas 5 receitas serão disponibilizadas nesse blog e, por isso, precisam seguir essa proposta. Cada uma das receitas precisa trazer os ingredientes necessários, e as respectivas quantidades, para cada etapa do preparo (ex: molho, massa, carne, etc), caso a receita tenha essas etapas; a forma de preparo de cada ingrediente, o tempo de cozimento, de forno ou de descanso e o momento em que cada ingrediente é inserido na receita. Cada uma das receitas deve ser apresentada separada por etapas (ex: Ingredientes, Modo de Preparo, Tempo de Preparo). Na parte dos ingredientes, colocá-los como uma lista de tópicos. Lembrando, as receitas devem ser escritas em uma linguagem simples, para leigos. Obrigado pela ajuda!"

Pronto, com esse prompt você terá 5 receitas produzidas pelo ChatGPT já para usar no seu blog. Experimente e insira o texto acima na ferramenta e veja o resultado. E caso surja alguma dúvida com a receita enviada por ela, é só você questioná-la que receberá a resposta.

Agora que você já sabe o que é um prompt, que tal alguns modelinhos que irão ajudar no seu dia-a-dia, trazendo alguma facilidade? Então, vamos lá. Lembrando que, com raras exceções, as ferramentas de Inteligência Artificial precisam de um prompt para funcionar.

1. Planejamento de 30 dias de conteúdo para as redes sociais

"Quero criar um planejamento de posts para o mês de (mês). O objetivo é (objetivo dos posts, ex: promover um produto, aumentar o engajamento, etc.). Meu público-alvo é (descrição do público, ex: jovens adultos interessados em moda).

Para os dias da semana, pretendo seguir esta estratégia:

- *Segunda-feira: (tema do post, ex: dicas de estilo).*
- *Terça-feira: (tema do post, ex: bastidores da empresa).*
- *Quarta-feira: (tema do post, ex: enquete interativa).*
- *Quinta-feira: (tema do post, ex: depoimentos de clientes satisfeitos).*
- *Sexta-feira: (tema do post, ex: oferta especial ou promoção).*
- *Sábado: (tema do post, ex: curiosidades sobre a marca).*
- *Domingo: (tema do post, ex: inspiração do dia).*

Além disso, quero garantir que cada post tenha uma chamada para ação clara, como (chamada para ação, ex: "clique no link para saber mais" ou "comente sua opinião").

Gostaria de sugestões de conteúdo para cada dia da semana e exemplos de chamadas para ação impactantes. Obrigado!"

2. Sugestões de bio atrativas para as redes sociais

"Olá! Gostaria de criar uma bio atrativa para o meu perfil no (nome da rede social). Poderia me ajudar? Quero que minha bio tenha informações que facilitem que pessoas me encontrem

nas pesquisas e que atraia mais seguidores interessados no meu conteúdo.

Por favor, sugira uma bio com as informações que são mais importantes na área de (inserir o seu nicho), segundo critérios de especialistas em marketing digital. Lembre-se de inserir emoji, pelo menos um, condizente com meu nicho e com a sua análise do que é relevante ou não.

Agradeço desde já pela ajuda! Vamos criar uma bio incrível juntos!"

3. Criação de uma imagem no DALL-E 2 ou no MidJourney

"Olá. Gostaria de criar uma imagem para o meu post no (nome da rede social). O tema do post é (tema do post, ex: Dia dos Namorados / Novo Produto / Inspiração de Viagem).

Por favor, crie uma imagem relacionada ao tema, com as seguintes características:

- *Cores predominantes: (cores que desejo na imagem)*
- *Elementos visuais: (elementos específicos que devem estar presentes na imagem, ex: corações, produtos, paisagens)*
- *Estilo da imagem: (descrição do estilo desejado, ex: minimalista, aquarela, vintage)*
- *Texto ou frase: (se desejar incluir algum texto na imagem, forneça-o aqui)*
- *Dimensões da imagem: (se houver alguma especificação de tamanho para a rede social)*

Agradeço muito pela ajuda! Estou ansioso(a) para ver a imagem que você irá criar para o meu post. Obrigado(a)!"

4. Análise da concorrência

"Estou realizando uma análise de concorrência para o meu negócio (ou para o produto/serviço) e gostaria de entender melhor as estratégias de marketing dos meus concorrentes. Por favor, identifique os meus principais concorrentes no mercado.

Para isso, liste os três principais concorrentes do meu negócio (ou produto/serviço) com base nas seguintes informações:

- *[Comando para informar sobre o meu negócio ou produto/serviço, ex: Nome da minha empresa / Descrição do meu produto ou serviço]*
- *[Outra informação relevante para a identificação dos concorrentes, ex: Localização geográfica, segmento de mercado]*

Após identificar os concorrentes, forneça informações sobre os seguintes tópicos relacionados a cada um deles:

1. *Canais de marketing utilizados: (ex: redes sociais, blogs, e-mails)*
2. *Presença nas redes sociais: (ex: número de seguidores, tipo de conteúdo compartilhado, frequência de postagem)*
3. *Palavras-chave de alto desempenho: (ex: palavras-chave utilizadas nos anúncios, conteúdos bem posicionados nos mecanismos de busca)*
4. *Campanhas de anúncios: (ex: tipo de anúncios, segmentação de público, investimento em anúncios pagos)*

5. *Estratégias de conteúdo: (ex: tipos de conteúdo produzidos, temas mais abordados, formatos utilizados)*
6. *Parcerias ou colaborações: (ex: parcerias com influenciadores, participação em eventos)*
7. *Ações promocionais: (ex: promoções, descontos, ofertas especiais)*
8. *Engajamento do público: (ex: número de curtidas, comentários, compartilhamentos)*

Além disso, gostaria de saber quais estratégias parecem estar funcionando melhor para eles e como posso diferenciar o meu negócio para me destacar no mercado.

Agradeço pela ajuda! Essas informações serão fundamentais para aprimorar a minha estratégia de marketing e superar a concorrência."

5. Análise de métricas das redes sociais

"Estou *realizando uma análise de dados das redes sociais de (nome da pessoa ou perfil) no (nome da rede social). Gostaria de obter informações importantes para entender melhor o desempenho e o engajamento do perfil.*

Por favor, forneça os seguintes dados e métricas relevantes:

1. *Número total de seguidores: (quantidade atual de seguidores do perfil)*
2. *Taxa de crescimento de seguidores: (média de novos seguidores por mês ou por semana)*

3. *Métricas de engajamento: (ex: taxa média de curtidas, comentários e compartilhamentos por post)*
4. *Conteúdos mais populares: (posts com maior engajamento ou alcance)*
5. *Melhores horários de postagem: (horários que geram maior interação do público)*
6. *Taxa de resposta: (se aplicável, o tempo médio de resposta a comentários ou mensagens)*
7. *Público-alvo: (informações demográficas e interesses do público que interage com o perfil)*
8. *Métricas de campanhas pagas: (se houver, desempenho de anúncios pagos, ROI, etc.)*

Além disso, se possível, forneça sugestões de melhorias ou oportunidades para otimizar o engajamento e o alcance do perfil.

Agradeço pela colaboração! Essas informações me ajudarão a entender melhor o desempenho das redes sociais e a aprimorar a estratégia de marketing digital."

Além desses prompts específicos para algumas tarefas, o ideal é você educar o ChatGPT para ele conhecer o seu perfil, entender suas necessidades e assim executar tarefas práticas. Como, por exemplo:

- **Aumentar a sua produtividade**: "Sou um (sua profissão) e sou iniciante no ChatGPT. Você pode gerar uma lista dos 10 melhores prompts para me ajudar a ser mais produtivo?";

- **Revisar sua escrita:** (insira seu texto) e depois "ChatGPT, revise o texto acima. Por favor, corrija os erros gramaticais e a ortografia. Também faça sugestões que irão melhorar a clareza e a qualidade da minha escrita";
- **Aprimorar o formato do seu currículo**: "Por favor, analise meus dados profissionais abaixo e desenvolva um currículo persuasivo, que siga as melhores práticas indicada por especialistas em áreas de contratação e recursos humanos, e que me ajudará a conseguir o emprego de (insira os detalhes da vaga pretendida)" e depois coloque seus dados profissionais;
- **Desenvolver uma nova habilidade:** "Quero aprender/ melhorar em (insira a habilidade que quer aprimorar). Sou um iniciante completo e preciso que crie um plano de aprendizado de 30 dias para me ajudar a aprender e a melhorar essa habilidade."
- **Resumir textos e documentos**: "ChatGPT, por favor, resuma o texto / documento abaixo e liste os principais pontos e os fatos mais relevantes que preciso conhecer." insira o texto ou o documento;
- **Aprenda com os melhores**: "Por favor, analise os melhores desempenhos em (insira a área que deseja). Traga-me uma lista das lições mais importantes que posso aprender com esses melhores desempenhos para aumentar minha produtividade."

Então, agora é só se divertir e colocar as ferramentas de IA para trabalharem para você. Esse é só um exemplo de tarefas operacionais que essas plataformas são capazes de realizar. E é por esse potencial que surge a seguinte dúvida:

Afinal, a IA chega para prejudicar ou para contribuir?

Apesar de toda a preocupação a respeito dos avanços da inteligência artificial e o seu impacto no mercado de trabalho, eu prefiro acreditar que ela chega para contribuir, principalmente na rotina de profissionais que têm a criatividade como base do seu trabalho.

Sim, é fato que a IA é capaz de criar conteúdo, imagem e materiais de boa qualidade e, muitas vezes, melhores do que os que seriam criados por seres humanos. No entanto, essa tecnologia não possui algo que nos diferencia: a capacidade de inovar.

Eu explico: seja o ChatGPT ou outras IA que surgiram, até o momento em que escrevo esse livro, criam algo a partir de um compilado de dados que já estavam disponíveis, que foram criados anteriormente.

RESUMINDO: ESSA TECNOLOGIA AINDA NÃO É CAPAZ DE TER PENSAMENTOS ORIGINAIS OU DISPOR DA CRIATIVIDADE HUMANA.

Prova disso são os inúmeros relatos de respostas geradas pelas inteligências artificiais com traços de racismo, discursos de ódio, plágio, entre outros. Afinal, elas apenas replicam o rastro comportamental que o ser humano deixou na internet.

Voltando à pergunta tema desse capítulo, a IA tem muito a contribuir com a rotina profissional. É importante mencionar que, ao longo da história, o mundo lidou com situações semelhantes. O surgimento das máquinas agrícolas retirou os trabalhadores das lavouras. A criação do computador tornou desnecessário o trabalho de datilógrafos.

Ao mesmo tempo, esses movimentos criaram oportunidades de trabalho que exigiram a capacitação desses profissionais, oferecendo uma remuneração melhor do que recebiam antes. Essa é a previsão do Fórum Econômico Mundial que acredita que, apesar das substituições provocadas pela IA, novos empregos irão surgir no longo prazo.

E como, de fato, a IA irá ajudar?

Vamos lá: as tecnologias de linguagem natural, como o ChatGPT, podem ser usadas para automatizar tarefas rotineiras de um trabalho. Trazendo para o meu universo do marketing, a IA contribui das seguintes formas:

- **Realizar pesquisas de mercado**: você pode pedir ao chatgpt para elaborar uma lista de potenciais clientes para o seu negócio. Para isso, você precisa descrever o seu nicho, tipo de trabalho que desenvolve e quais são os perfis de público que você quer atingir;

- **Coleta e análise de dados:** a plataforma da openai consegue reunir e processar dados de navegação, termos buscados dentro do site, preferências de produtos e muito mais;
- **Gerar texto otimizado para SEO** (Search Engine Optimization): Para quem não se lembra (e você pode consultar no glossário ao final do livro) SEO é um conjunto de regras e técnicas que facilitam o entendimento dos algoritmos sobre o seu conteúdo, melhorando o ranqueamento dele nos resultados de buscas. Então, você pode pedir a IA para criar uma versão otimizada para SEO do seu texto;
- **Criar descrições de produto:** para quem trabalha com desenvolvimento de e-commerces ou possui uma loja virtual, ferramentas como o chatgpt podem rapidamente criar descrições para cada um de seus itens e de maneira otimizada para SEO;
- **Planejamento para as redes sociais:** o chatbot da Openai também pode criar um planejamento de conteúdo para suas redes sociais. Para tal, basta informar quem é o público a que se destina essa comunicação, a área de atuação dos clientes, as dores mais comuns desse público, a linguagem a ser usada, as redes sociais que deseja trabalhar e para quantos dias será o planejamento.
- **Atendimento ao cliente a interações nas redes sociais:** você pode treinar o chatGpt para se relacionar com seus clientes, principalmente se for integrado ao whatsapp. Da mesma forma, ele é capaz de reconhecer comentários nas redes sociais e gerar respostas apropriadas;

- **Criação, resumo e tradução de textos:** discorra sobre o tema, o objetivo, a linguagem, o tamanho do texto e o perfil de quem irá ler, e o chatGpt irá desenvolver o seu texto. Tem um PDF com 5 mil páginas para ler? Envie para ele e peça que resuma os pontos que você entende que são mais relevantes. Precisa traduzir um texto para o mandarim, inglês, alemão, etc? Ele faz. Obviamente, todo o resultado dessas interações precisa ser revisto por você e sempre dê aquele toque humano;
- **Desenvolvimento de artes e textos para posts**: "chatGpt, crie 5 alternativas de headlines atraentes, que despertem a atenção, para serem aplicadas em um design, com base no texto abaixo." Agora espere a mágica acontecer. Quer gerar a arte? Midjourney e o DALLE-2 podem te ajudar.

Enfim, isso é apenas um resumo de como ferramentas com inteligência artificial contribuem para o dia-a-dia do profissional de marketing. A depender da área de atuação, os benefícios podem ser ainda maiores.

CONCLUSÃO

Caro leitor,

Chegamos ao final desta jornada pelo universo do Marketing Digital. Ao longo deste livro, exploramos os principais conceitos, estratégias e ferramentas necessárias para construir uma presença forte na internet e impulsionar o seu negócio para o sucesso de forma descomplicada.

Antes de finalizarmos, gostaria de convidá-lo a continuar essa jornada comigo, através das redes sociais, onde eu coloco todas as novidades, conteúdos atualizações, dicas valiosas e muito mais.

Minha missão ao escrever este livro foi capacitar você, a aproveitar todas as oportunidades que o Marketing Digital oferece. Sabemos que, em um mundo cada vez mais conectado e competitivo, garantir uma presença online forte é fundamental para o sucesso de qualquer empreendimento. Construir uma audiência qualificada, falar com o público certo na hora certa e sair na frente da concorrência são aspectos essenciais que abordamos em detalhes.

Ao longo dos capítulos, mergulhamos nos conceitos-chave do Marketing Digital, explorando a diferença entre Outbound Marketing e Inbound Marketing, a importância do Marketing de Conteúdo, a estratégia do Funil de Vendas e a criação de personas. Também discutimos a relevância das redes sociais e compartilhamos dicas práticas para conquistar seguidores, construir autoridade online.

Além disso, destacamos a importância da Experiência do Cliente e como ser customer centric pode ser um diferencial competitivo. Exploramos o mundo do SAC 3.0 e como ter um atendimento ao cliente poderoso em ambiente digital. Aprender a gerar resultados de forma assertiva é essencial, e dedicamos um capítulo à pesquisa de mercado, à identificação do seu nicho e à criação de conteúdos atraentes que convertem e como a inteligência artificial pode te ajudar.

Mensurar resultados é outra habilidade fundamental no marketing digital, e discutimos diferentes ferramentas e estratégias para acompanhar o desempenho das suas ações. Por fim, destacamos a importância de analisar a concorrência e buscar referências no mercado para se manter atualizado e inspirado.

E claro, não podia deixar de falar sobre a Inteligência Artificial, seus avanços e como usá-la a seu favor dentro do seu dia a dia. Não só com dicas, mas também com modelos de scripts (os chamados prompts), para ajustar sua rota e aplicar com mais facilitade.

Neste momento de despedida, gostaria de expressar meu profundo agradecimento por ter acompanhado esta jornada conosco. Espero que as informações compartilhadas neste livro tenham sido valiosas e que você possa aplicá-las em sua própria trajetória de sucesso no mundo do Marketing Digital.

Lembre-se de que o aprendizado é contínuo, e estou aqui para apoiá-lo em sua caminhada. Não hesite em acessar nosso site, ateclasap.com.br, para acessar recursos exclusivos e descobrir outros produtos que desenvolvemos para ajudá-lo a alcançar seus objetivos no mundo do marketing digital.

Desejo a você sucesso em sua jornada e que os frutos do seu trabalho no universo digital sejam abundantes. O futuro está ao seu alcance, e o Marketing Digital é a chave para abraçar todas as oportunidades que ele oferece.

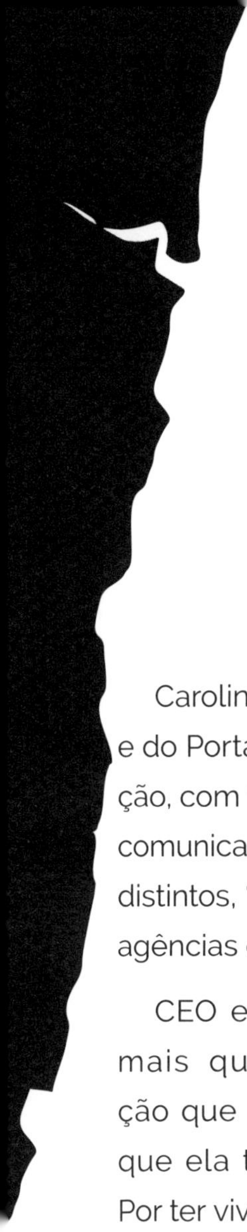

CAROLINA FERNANDES

Carolina Fernandes é colunista do Canal Bússola na Exame e do Portal Customer, autora, palestrante, jornalista de formação, com MBA em Marketing e transita por diferentes áreas da comunicação há mais de 20 anos, frequentando, em momentos distintos, "os dois lados da mesa", atuando em multinacionais, agências de marketing e assessoria de imprensa.

CEO e fundadora do HUB Cubo Comunicação, muito mais que agência, um ecossistema de comunicação que nasceu com o propósito de solucionar as dores que ela tinha quando trabalhava no mundo corporativo. Por ter vivido o papel de cliente, entende os desafios, necessidades e, principalmente, as dores de quem está do outro lado.

Da mesma forma, tem a vivência de uma agência, trabalhando de forma estratégica e integrada, entregando e desenvolvendo soluções sob medida para cada cliente conforme sua necessidade de forma exclusiva.

Além de mãe do Lipe, Carolina Fernandes é host do Podcast que leva o mesmo nome deste livro, A Tecla SAP do Marketês.

www.carufernandes.com.br

www.ateclasap.com.br

@carufernandes

carufernandes/

TECLA SAP - O GLOSSÁRIO

Existem muitos termos de marketês que são difíceis de entender por quem não faz parte desse universo. Como você já sabe, a proposta deste livro é simplificar e falar sobre o **marketing que importa.** Porém, se você é curioso e quer desbravar esse mundo, basta apertar a tecla SAP nas terminologias do Dicionário de Marketês.

A

Adwords

É como se chamava o serviço de publicidade do Google, atualmente se chama Google Ads, por onde são feitos os anúncios que aparecem nas páginas de resultado do Google, na parte superior e na lateral direita, e na rede de Display.

Analytics

É a informação que resulta da análise de dados ou estatísticas de um site, plataforma, e-mail marketing, testes, entre outros. Pode se referir também ao Google Analytics, ferramenta de análise de estatísticas do Google, ou a outras ferramentas similares

Apresentação/Pitch de vendas

Sua proposta de vendas apresentada de forma objetiva, gerando valor para o outro de como seu produto/serviço é a solução que esta pessoa procura. Ela pode ser de diversos formatos, o importante é que através dessa apresentação você consiga transmitir todos os atributos e benefícios.

B

Benchmark

Termo usado para designar uma referência do mercado em algum tema. Geralmente indica uma empresa que atingiu sucesso com alguma estratégia ou em um indicador específico.

Benchmarking

É o ato de comparar processos e métricas de performance de um negócio com outra empresa que seja referência no mesmo setor e que atue no mesmo mercado. O benchmarking geralmente é feito em uma reunião e são analisados indicadores de uma área específica das empresas (marketing, vendas ou desenvolvimento, por exemplo).

B2B (Business-to-Business)

Usado para descrever empresas que vendem para outras empresas

B2C (Business-to-Consumer)

Usado para descrever empresas que vendem diretamente aos consumidores.

Blogue

Site no qual são publicados artigos, vídeos e imagens com certa frequência, a fim de formar uma base de visitantes e mantê-los atualizados periodicamente. O blogue é muito utilizado para a uma estratégia que chamamos de marketing de conteúdo, atraindo assim pessoas para o site através do conteúdo interessante que é criado.

Branding

Branding é o conjunto de ações que mostram o posicionamento da empresa, com o objetivo de criar uma imagem da sua marca na mente dos consumidores. É uma estratégia utilizada para atrair e reter clientes, oferecendo um produto ou serviço sempre alinhado com o que a marca promete.

C

CPA (Custo por Aquisição)

Outra forma de cobrança de anúncios, porém calculado com base nas conversões realizadas (por exemplo, número de vendas).

CPC (Custo por Clique)

Os anúncios são cobrados pela quantidade de vezes que o anúncio teve cliques. É utilizado, por exemplo, pelo Google Adwords e Meta Ads (antigo Facebook Ads).

CPM (Custo por mil)

CPV (Custo por visualizações)

CTA

Call-To-Action pode ser um link de texto, um botão que clique no seu site, ou ao longo do conteúdo, imagem ou algum tipo de link da internet que incentiva os visitantes do site a se tornarem um lead.

Alguns exemplos de CTA são "Clique aqui e saiba mais" ou "Baixe o material agora mesmo". Essas frases combinadas com um link de acesso são "iscas" importantes para converter um usuário em lead.

CAC – custo de aquisição do cliente

Essa métrica permite que empresas saibam o quanto estão gastando para conquistar cada cliente novo. Por exemplo: Adicione todos os gastos com publicidade + salários + comissões + bônus + despesas gerais. Divida pelo número de novos clientes no período escolhido e obtenha o seu CAC.

Por exemplo, se você gastar R$ 10.000 em um mês e, ao mesmo tempo, tiver 100 novos clientes, seu custo de aquisição de cliente será de R$ 100 naquele período.

Cold call ou cold e-mail (Ligação fria ou e-mail frio):

Estratégias típicas de prospecção outbound em que o vendedor entra em contato com o cliente potencial sem que este tenha autorizado a empresa a fazê-lo.

Conversão

É quando o seu lead avança no processo do funil. A conversão acontece tanto no fechamento (momento da compra), quanto entre as etapas do funil, onde cada avanço que o cliente dá é uma conversão.

CRM - "Customer Relationship Management"

Com a Tecla SAP, nada mais é que o Gerenciamento de Relacionamento com Cliente, um conjunto de sistemas que permite acompanhar todas as informações de contato dos clientes.

No entanto, essas ferramentas podem fazer outras coisas, como rastreamento de e-mail, telefones e endereços, envio de e-mails personalizados, agendamento de consultas e registro de todas as informações de atendimento, além de suporte ao cliente.

Conteúdo viral

São conteúdos que ficam famosos na internet e "viralizam" por conta da quantidade de compartilhamentos. Não existe uma fórmula mágica para viralizar, muitas vezes não se sabe que está sendo criado um viral até que ele realmente se torne um.

D

Design responsivo

Usamos muito esta nomenclatura quando falamos de um site, por exemplo, que precisa adaptar seu layout e diagramação a qualquer tipo de dispositivo que seja acessado, seja para versão desktop (computadores), smartphones e/ou tablets. A página reconhece o dispositivo que seu visitante está usando e se adapta ao design que corresponde ao dispositivo em que o conteúdo está sendo visualizado.

E

E-book

Os e-books são um tipo comum de conteúdo, muito usado para apoiar a gerar novos leads, com um formato maior que conteúdos de blog, trazendo detalhes mais profundos sobre um tema. Para baixar este conteúdo as pessoas precisam preencher um formulário de cadastro, também chamado de landing page.

E-mail marketing

Todo ano, eu escuto que o e-mail marketing vai morrer. Acontece que se bem utilizado ele ainda tem bons resultados. O objetivo maior é o de promover produtos ou serviços, gerar relacionamento com os clientes pela recorrência de marca, além de ser uma ótima forma de enviar cupons de desconto ou alguma promoção específica apenas para a sua base de clientes.

F

Fechamento

Momento de decisão do seu prospect até ele se tornar cliente. O fechamento nem sempre é positivo, é importante que você conduza para uma resposta.

Follow up (acompanhamento)

Acompanhar ou fazer o acompanhamento de algo a fim de obter uma resposta. No universo de vendas, o follow up é uma forma de retomar o contato com um prospect.

Funil de vendas

Funil de vendas são as etapas da jornada de compra do seu consumidor, onde são divididos entre: topo, meio ou fundo de funil. Cada uma delas demonstra o quanto o seu potencial cliente está propenso a comprar de você ou não. A partir do seu próprio site, é possível coletar dados e entender melhor a sua persona.

H

Hashtag

É um termo associado a assuntos ou discussões que se deseja indexar em redes sociais, inserindo o símbolo do "jogo da velha" (#) antes da palavra, frase ou expressão. Elas também podem ser uma forma da sua marca interagir com os seus seguidores, criando algum tipo de hashtag mais específica para a conversa com eles.

Outra possibilidade é usar as hashtags em seus posts para apoiar no aumento do seu engajamento por pessoas que buscam algo semelhante as hashtags colocadas, elas podem ser usadas em todas as redes sociais, Instagram, Facebook, Linkedin, TikTok, X, Youtube entre outras.

I

Inbound Marketing

São chamadas desta forma as atividades planejadas para atrair o público-alvo definido na sua persona.

L

Landing Page ou LP

É uma página de site que possui um formulário de contato como forma de captação de email, telefone ou alguma outra informação importante. Geralmente utilizamos uma landing page para que as pessoas baixem um E-book, uma pesquisa, um infográfico ou algum outro material que seja interessante para ela, a ponto de fornecer os dados de contato em troca do seu material. Uma landing page é o que separa um visitante comum de se tornar um potencial lead.

Lead

Uma pessoa ou empresa que demonstrou interesse em algum produto ou serviço que você oferece. Ele pode ter preenchido um formulário em sua landing page ou se inscrito para receber novidades em seu blog ele deixa de ser um simples visitante para se tornar um potencial cliente em seu funil de vendas.

LTV - LifeTime Value

É uma estimativa da receita média que um cliente irá gerar ao longo de sua vida como cliente. É uma métrica valiosa para empresas com venda recorrente ou com repetição.

M

Marketing de conteúdo

O marketing de conteúdo nada mais é que utilizar uma

abordagem focada na criação e distribuição de conteúdo relevante para atrair e reter o seu público de interesse. Quanto mais você ajuda a sua persona a resolver seus problemas, suas "dores" e demonstra que tem competência para isso, maior a chance dela virar um potencial comprador do seu produto ou serviço.

Materiais ricos

Os materiais ricos são os que utilizamos nas landing pages como forma de atrair a persona a baixar os materiais, podem ser chamados desta forma: e-books, pesquisas, whitepapers, infográficos, webinars, entre outros. O objetivo deste tipo de material é a geração de leads. As pessoas se cadastram, deixando seus contatos e em troca recebem o material ou podem efetuar o download de forma gratuita.

N

NPS – Net Promoter Score

Metodologia de pesquisa utilizada para mensurar o nível de satisfação e lealdade dos clientes. Seu objetivo é saber a probabilidade dos clientes recomendarem a sua marca para amigos e familiares.

O

On-boarding

Também chamado de "ativação", é o processo de implementação depois que o cliente efetua a compra de um produto ou serviço.

Omnichannel

Estar em diferentes canais/plataformas ao mesmo tempo e integrar diferentes canais de comunicação.

P

Persona

É como chamamos o cliente ideal, baseado em pesquisas de mercado e dados reais de quem já compra de você. É possível mapear esse cliente, veja o capítulo sobre o passo a passo para construir a persona do seu negócio.

Prospect

Pessoas ou empresas que podem se transformar em clientes mediante um relacionamento e aproximação comercial. O Prospect é a evolução do lead também chamado prospecto ou cliente potencial, geralmente, um terceiro estágio (visitante > lead > prospect).

Prospecção

Atividade de encontrar novos leads e/ou realizar o primeiro contato comercial com eles. A prospecção pode ser ativa ou passiva (anúncios/marketing) e, geralmente em Inside Sales, é feita por telefone, e-mail ou rede social.

Prova social

É como chamamos a forma de validação de que seu produto ou serviço é bom. Já aconteceu com você de estar em um restaurante, ver um prato muito bonito na mesa ao lado e perguntar se está bom?

A prova social é parecida, as pessoas buscam orientação ou referências de outras pessoas para determinar o potencial de compra ou consumo em uma determinada situação. Nas redes sociais, a prova social pode ser identificada pelo número de interações que um conteúdo recebe, pelos comentários positivos dentro das publicações, entre outras.

Q

QR CODE

Na pandemia ele se tornou ainda mais comum para evitar contatos e manuseios em superfícies coletivas, como cardápios em restaurantes, por exemplo. Ele é um tipo de código de barras que pode ser lido por aplicativos para leitura de QR Code ou pela câmera da maioria dos smartphones.

Você pode direcionar o uso do seu QR Code para o que fizer mais sentido para o seu negócio, por exemplo: abrir o site, abrir um vídeo, uma imagem ou até mesmo o *waze* para encontrar a localização do seu estabelecimento.

R

Rapport

Relação estreita e harmoniosa na qual as pessoas ou grupos envolvidos compreendem os sentimentos e/ou ideias uns dos outros. Em vendas, o rapport significa construir uma relação de confiança com o prospect a fim de poder realizar uma venda consultiva por meio de uma comunicação mais assertiva.

ROI (return on investment)

Retorno sobre Investimento. É um indicador gerencial usado para saber qual foi o resultado financeiro de um investimento realizado. Ele pode ser positivo ou negativo, indicando lucro ou prejuízo. O cálculo do ROI é: (receita gerada - custos e investimentos) /custos e investimentos

S

SAC 3.0

Conceito de Serviço ao Cliente focado em um novo perfil de consumidor, que se tornou cada vez mais exigente, informado e conectado socialmente.

SEO (Search Engine Optimization)

Ele nada mais é que a otimização do seu site para os buscadores como o Google, para melhorar a forma do seu site ser encontrado nas pesquisas de forma orgânica. Existem maneiras de otimizar o seu posicionamento. Para saber como o site está posicionado atualmente, entre no site Sem Rush e faça o teste. Se a pontuação for inferior a 70, é importante melhorar para aparecer de forma mais satisfatória nas buscas.

T

Teste A/B

Quando fazemos uma comparação entre duas variações de um único projeto, para determinar qual tem o melhor desempenho como forma de melhorar os resultados. Geralmente fazemos teste A/B em e-mail marketing, anúncios, CTA's e landing pages.

Ticket médio

É um indicador de vendas, que aponta o valor médio das vendas de um empreendimento em um período, considerando o faturamento e o número de vendas realizadas.

Tráfego Pago

O tráfego pago é a forma utilizada para atrair pessoas ao seu site através de anúncios como no Google, no Instagram, no Linkedin, no Pinterest, no Tik Tok, entre outros.

Tráfego Orgânico

Ao contrário do tráfego pago, os visitantes chegam de forma orgânica, são pessoas que encontraram seu site através de ferramentas de busca, como o Google, links em outros lugares que direcionam para o site, etc.

U

Upselling e Cross selling (venda para cima e venda cruzada)

Estratégia de venda em que um cliente já existente decide comprar um produto ou serviço, diferente do que já está comprando, muitas vezes de maneira complementar. Já o upsell é uma estratégia de vendas que, diferente da abordagem do cross sell, envolve incentivar os clientes a adquirir uma versão mais sofisticada ou avançada do produto que originalmente pretendiam comprar.

A TECLA SAP - HASHTAGS BANIDAS

A

#Ásia
#atraente
#automutilação
#adultlife
#agariogaming
#americangirl
#addmysc
#akiralane
#asiangirl
#africanexpeditions
#assday
#alone
#armparty
#adulting
#assworship
#afourchamberedheart
#audaciousprayer
#allbreasts
#amearalavey
#animenoobs

B

#bunda
#boatarde
#babe
#boho
#boobies
#beyonce
#bbc
#bikinibody
#beautyblogger
#besties
#butts
#beautydirectory
#books

C

#cérebro
#curvy
#costumes
#curvygirls

D

#direct
#deusa
#dm
#dadylove
#dogsofinstagram

E	
#excitada	#estranho
#elevador	#easter
#encontro	#edm
F	
#flexões	#fishnets
#fitnessgirls	
G	
#graffitiigers	#Girlsonly
#gloves	
H	
#hotweather	#hawks
#humpday	#happythanksgiving
#hardworkpaysoff	#hustler
I	
#italiano	#iphonegraphy
#ig	#instababy
#Ilovemyinstagram	#instasport
#iPhone	#instamood
K	
#killingit	#kansas
#kissing	#kickoff
L	
#lean	#lingerie
#likeback	#livinforalivin
#leaves	#loseweight
#like	#lulu
#likeforlike	

M	
#mirrorphoto	#models
#mileycyrus	#mustfollow
#milf	#master
#medicina	
N	
#newyearsday	#newyears
#nudity	
O	
#overnight	
P	
#popular	#prettygirl
#publicrelations	#pushups
#puppydogmondays	#pornfood
#parties	
R	
#rate	#ravens
S	
#sextou	#streetphoto
#snap	#stud
#snapchat	#skype
#singlelife	#snowstorm
#skateboarding	#sopretty
#saltwater	#stranger
#samelove	#sunbathing
#selfharm	#swole
#single	

T	
#tanlines	#treasurethesemoments
#todayimwearing	#tag4like
#tgif	#tagsforlikes
U	
#undies	
V	
#valentinesday	
W	
#whatsapp	#wtf
#woman	#womancrushwednesday
#workflow	#women

REFERÊNCIAS BIBLIOGRÁFICAS

Pesquisa da Towers Watson, pág. 27 - https://issuu.com/andyblacknell/docs/2013-2014-change-and-communication-

Relatório de Visão Geral Global Digital 2022 da We Are Social e HootSuite, pág. 47 - https://www.amper.ag/post/we-are-social-e-hootsuite-digital-2022-resumo-e-relatorio-completo

Business Pinterest, pág 52 - https://business.pinterest.com/pt-br/blog/meet-brazilian-pinners/

NETFLIX. O Dilema das Redes, pág. 65 - Disponível em: https://www.netflix.com/br/title/81254224,

Citação Peter Drucker, pág 69 - Frase extraída do livro Administração, tarefas, responsabilidades e práticas. Ano de publicação: 1975. Fonte/Imprensa: São Paulo-SP : Pioneira, 1975.

Harvard Business Review, pág. 75 - https://hbr.org/2014/10/the-value-of-keeping-the-right-customers

Bain & Company (B&C), pág. 75 - http://www.bain.com/Images/BB_Prescription_cutting_costs.pdf

Pesquisa Math Ads, pág. 79 - https://veja.abril.com.br/coluna/radar/nove-em-cada-dez-brasileiros-pesquisam-na-internet-antes-de-fazer-compra/

Pesquisa Time well spent, Kantar, 2022, pág. 111 - https://www.tiktok.com/business/en-US/blog/time-well-spent

Definição de IA - Trecho retirado do artigo A Brief History of Artificial Intelligence: On the Past, Present, and Future of Artificial Intelligence, Michael Haenlein e Andreas Kaplan, pág. 125 - Disponpivel em https://www.researchgate.net/publication/334539401_A_Brief_History_of_Artificial_Intelligence_On_the_Past_Present_and_Future_of_Artificial_Intelligence

BuzzFeed demite 15% da força de trabalho e encerra divisão de notícias; ação desaba 20% em NY -Investing.com pág. 129 - https://br.investing.com/news/stock-market-news/buzzfeed-demite-15-da-forca-de-trabalho-e-encerra-divisao-de-noticias-acao-desaba-20-em-ny-1104833

Goldman Sachs Predicts 300 Million Jobs Will Be Lost Or Degraded By Artificial Intelligence - Forbes, pág. 129 - Disponível em https://www.forbes.com/sites/jackkelly/2023/03/31/goldman-sachs-predicts-300-million-jobs-will-be-lost-or-degraded-by-artificial-intelligence/

ChatGPT may be coming for our jobs. Here are the 10 roles that AI is most likely to replace - Business Insider, pág. 130 - Disponível em https://www.businessinsider.com/chatgpt-jobs-at-risk-replacement-artificial-intelligence-ai-labor-trends-2023-02

Futuro do Trabalho 2023, elaborado pelo Fórum Econômico Mundial com o apoio da Fundação Dom Cabral, pág. 145 - Disponível em https://www3.weforum.org/docs/WEF_Future_of_Jobs_2023_News_Release_Pt_BR.pdf

DVS
EDITORA

www.dvseditora.com.br

Impressão e Acabamento | Gráfica Viena
Todo papel desta obra possui certificação FSC® do fabricante.
Produzido conforme melhores práticas de gestão ambiental (ISO 14001)
www.graficaviena.com.br